구름은 바람 위에 있어

WOLKEN. Betrachtungen und Gedichte
by Hermann Hesse, edited by Volker Michels © Insel Verlag Frankfurt am Main 2008
All rights reserved by and controlled through Insel Verlag Berlin.
Korean Translation © 2025 by Yolimwon Publishing Group
The Korean language edition is published by arrangement with
INSEL VERLAG ANTON KIPPENBERG GMBH & CO. KG
through MOMO Agency, Seoul.

이 책의 한국어판 저작권은 모모 에이전시를 통해
INSEL VERLAG ANTON KIPPENBERG GMBH & CO. KG와 독점 계약한 열림원에 있습니다.
저작권법에 의해 한국 내에서 보호를 받는 저작물이므로 무단전재와 무단복제를 금합니다.

HESSE

구름은
바람 위에 있어
WOLKEN

헤르만 헤세 지음 홀거 피엘스 엮음 박종대 옮김

단어도멜

일러두기

각주는 모두 옮긴이가 붙였다.

시인들 가운데 헤르만 헤세만큼 구름에서, 시도 때도 없이 그렇게 변덕스럽게 변하는 구름의 다채로운 변주에서 그토록 많은 영감을 끌어낸 이는 드물다. 그는 초기 작품 『페터 카멘친트』에서부터 만년의 소설 『유리알 유희』에 이르기까지 수많은 시와 성찰, 자연 묘사로 이 하늘 위 마법의 현상을 표현하고 해석해 왔다. 이 책은 그중에서 가장 아름다운 글을 모았다.

"구름은 오랜 세월 헤르만 헤세의 상상력을 자극해 왔다. 하늘 위에서 물결치고, 음영을 그리고, 부채처럼 펼치고, 얼룩을 남기고, 점을 찍고, 실핏줄처럼 뻗고, 베일처럼 가리고, 솜처럼 흩날리는 구름. 형상 없는 형상이자, 무에서 생겨나 다시 무로 돌아가는 구름. 종잡을 수 없는 구름의 비행은 방향에도 지속에도 구속되지 않으며, 손으로 잡을 수 없고 그저 눈으로 볼 수 있을 뿐이다. 시인은 그런 구름을 억지로 잡으려 하지 않으면서도 그 이미지를 영원하고 보편적인 것으로 만든다."

파울 튀러 Paul Thürer

구름

 풍경 화가들을 지켜볼 때면 깜짝 놀랄 때가 많다. 파란 하늘은 물론이고, 이런저런 색깔의 하늘을 예쁘고 깔끔하고 분위기 넘치는 구름으로 얼마나 빠르고 쉽게 채우는지 모른다! 그건 우리 시인들이 시를 짓는 것과 비슷해 보인다. 우리에게도 시를 쓰는 게 놀랍도록 쉽게 느껴질 때가 많으니까. 하지만 나중에 더 오래, 더 깊이 들여다볼수록 그런 멋진 시와 멋진 구름이 싸구려 상품에 지나지 않고, 날카로운 시선을 좀처럼 버티지 못한다는 사실을 선명하고도 씁쓸하게 깨닫는다. 내가 본 수천 장의 그림 속 구름 가운데 지금도 가끔 내 기억 속의 하늘 위를 떠가는 구름은 드물다. 그마저도 대부분 옛 거장들의 구름이다. 그런데도 공기와 하늘의 현상이 불과 몇십 년 전에야 화가들에 의해 발견되었고, 아니 심지어 발명되었다고 하는 소리를 자주 듣는다. 물론 최근의 화가 중에도 내 기억에 오래 남을 구름을 그려 낸 이들이 더러 있다. 스위스의 세간티니와

호들러가 그렇다. 세간티니가 그린 알프스 구름은 다소 무겁고 물질적인 느낌이 나지만 신이 직접 그린 듯한 느낌을 자아낸다. 반면에 호들러는 몇 번, 특히 바젤 미술관에 전시된 별로 눈에 띄지 않는 그림 한 점에서는 정말 가볍고 형체 없는 흰 안개구름을 그렸다. 이 안개구름은 푸른 호수의 수면 위를 믿을 수 없을 만큼 섬세하게 떠다니며 온 허공에 생명을 불어넣는다.

화가들에 대해 이야기하려는 게 아니다. 더구나 구름과 관련된 분야에서 시인은 없어도 되는 존재이고, 전문가들로 대체된 지도 이미 오래다. 그러나 막상 무언가를 진심으로 묘사하고 감동을 불러일으키고 싶을 때면 전문가들조차 대개 시인의 언어를 빌려 쓰고, 가슴이 뜨겁게 벅차오를 때면 그들 스스로 다시 시인이 된다. 왜냐하면 무언가 결정적인 순간에는 미학을 비롯한 모든 학문에 순수한 예술적 직관, 즉 눈과 언어의 직접적 연결과 감각적 표현 능력이 필요하기 때문이다.

나는 구름 사진도 드물지 않게 보았다. 물론 완벽한 것도 있지만 많지는 않았다. 어떤 필름도 자연색을 충분히 담아내지 못하기 때문이다. 하늘만 찍고 땅은 전혀 포함하지 않은 사진은 대개 실패작이다. 구름의 움직임이 거의 느껴지지 않고, 관찰자와의 거리가 불확실해서 아름다운 효과가 모두 사라지기 때문이다.

내가 볼 때, 구름을 아름답고 의미 있게 만드는 건 바로 그 움직임이다. 우리 눈에 죽은 공간으로 비치는 하늘에서 거리감과 크기, 공간감을 만들어 내는 것은 구름이다. 물론 그 거리감과 크기는 우리 눈에 엄청나게 왜곡된 채 비치지만 그건 중요하지 않다. 수면 위에 떠 있는 물체도 마찬가지로 우리 눈을 속인다. 눈은 자신과 물체 사이의 거리를 늘 과대평가하면서도 물체와 건너편 강가나 지평선 사이의 거리는 과소평가한다.

그전까지는 그저 끝없는 허공처럼 보였고 그 엄청난 크기 때문에 우리의 관심과 주의에서 벗어나 있던 하늘이 구름 덕분에 우리의 시선을 다시 붙잡는다. 그로써 하늘은 땅의 연장延長이 된다. 작게는 새 한 마리, 연 하나, 로켓 한 발이 그 역할을 대신하기도 한다. 그것들로 인해 방금 전까지 텅 비었다고 여겨지던 허공이 순간적으로나마 나눌 수 있는 공간으로 느껴진다. 하늘이 원래 텅 비어 있는 것이 아니라는 단순한 이성적 인식만으로는 그런 느낌을 받기 어렵다. 우리의 눈은 이성을 쉽게 믿지 않기 때문이다. 예를 들어 과학적으로는 그 반대임을 분명히 알고 있음에도 우리는 여전히 태양이 움직이고 지구가 정지해 있다고 생각하는 것처럼 말이다.

새가 작은 규모로 그 일을 한다면 구름은 훨씬 큰 규모로 한다. 구름은 광대무변의 공간에 실체감을 부여하고, 그 공간을 살아 있게 하고, 측정 가능한 것처럼 보이게 하고, 우리를 그 공간과 연결시켜 준다. 왜냐하면 그것들은 우리의 것이자, 지상의 일부이자, 지상의 물이자, 가시적으로 하늘로 솟아오른 유일한 대지의 조각이자, 보이지 않는 공중에서 대지의 삶과 존재를 계속 이어 가는 물질이기 때문이다.

따라서 오후의 산책객들이 구름을 보면서 느끼는 상징성은 해와 달, 별을 볼 때와는 완전히 다른 관념과 감정을 불러일으킨다. 해와 달과 별은 지상의 것이 아니고, 측정할 수 있을 만큼 가깝지도 않으며, 자기만의 삶과 존재를 따로 갖고 있다. 그것들은 하늘에 떠 있는 대지의 일부가 아니고, 그 형태와 움직임 또한 우리에게 친숙한 자연력과 상관없어 보인다. 반면에 구름은 빛과 어둠, 바람과 따뜻함을 우리와 공유한다. 그것들은 다른 세계가 아니라 우리 세계에 속하고, 우리가 이해하고 우리 자신도 동시에 느끼는 법칙에 따라 우리 눈앞에서 생겨나서 사라지고, 끝없이 땅으로 돌아온다.

하지만 이런 귀환을 보는 일은 드물다. 비나 눈이 많이 내리면 구름은 더 이상 보이지 않는다. 우리가 그것들을 보고 있는 동안에도 구름의 존재 이유는 우리에게 드러나지 않는다.

구름은 허공을 뚜렷이 가시화함으로써 공기의 움직임을 더 생생하게 인지하게 해 준다. 우리의 생각에는 공기의 움직임이 신비롭지 않지만, 우리의 감각에는 늘 신비롭고 그렇기에 매혹적이다. 공기가 내 머리 위 100미터, 300미터, 1,000미터 위에서 움직이고, 거기서 기류가 흐르고 만나고 교차하고 나뉘고 충돌하더라도 나는 그것을 직접 느끼지 못한다. 그러나 구름 한 점 혹은 구름 무리가 움직이고, 더 빠르거나 느리게 이동하거나 멈추거나 나뉘거나 뭉치거나 변형되거나 녹거나 쌓이거나 흩어지는 것을 보면 그건 내게 하나의 장관이 되고, 나는 자연스레 그것에 마음을 빼앗기고 동참하게 된다.

빛도 마찬가지다. 우리는 보통 겉으론 텅 빈 것처럼 보이는 푸른 하늘에서 빛을 인지하지 못한다. 그러나 하늘에 구름이 떠 있으면, 그래서 잿빛이나 은색, 흰색, 황금빛이나 분홍빛으로 물들면 그제야 공중에 빛이 있음을 알고, 빛을 보고 관찰하고 즐긴다. 해가 저물고 대지의 빛이 사그라든 저녁 무렵 저 높은 곳에서 여전히 불타오르며 빛 속에서 유영하는 구름을 보지 못한 사람이 있을까!

구름은 지상의 물질로서, 그것 말고는 다른 어떤 물질도 볼 수 없는 저 높은 상공에서 여전히 지상의 물질적인 삶을 이어 간다. 이 점을 떠올리면 구름의 상징성은 너무나 분명히 드러난다. 지상의 것이 하늘 위 저 높은 곳에서도 계속 펼쳐지고 있는 것이다. 이는 물질이 스스로를 해체하려는 시도이자, 대지의 진심 어린 몸짓이자, 빛과 드높은 세계, 부유, 몰아를 향한 갈망의 몸짓이다. 자연에서 구름의 역할은 예술에서 날개 달린 존재들, 즉 천사와 천재들이 하는 역할과 비슷하다. 스러질 수밖에 없는 인간의 몸을 지녔으나 날개를 펴고 중력에 저항하는 존재들이다.

  마지막으로 구름은 덧없음의 상징이기도 하다. 그것도 대체로 우리에게 해방감을 안기고 우리를 편안하게 해 주는 유쾌한 상징이다. 우리는 구름의 여행과 투쟁, 휴식과 축제를 지켜보며 몽환적으로 해석한다. 또한, 그 안에서 인간의 투쟁과 축제, 여행과 놀이를 본다. 이 아름다운 그림자극이 얼마나 덧없고 변덕스럽고 찰나적인지를 보고 있자면 기쁨과 슬픔이 동시에 느껴진다.

1907년

구름의 노래

너희 고향 없는 자들이여, 어디서도 태어나지 않은 자들이여,

무한한 그리움에 빠진 자들이여,

너희의 리듬 속에서 우리 몽상가들은 읽어 내리,

희미한 예감 속에서 우리의 본성을.

너희 방랑자들이여!—우리 또한 방랑자이니.

너희 안식 없는 자들이여!—아, 우리 또한 그에 못지않으니.

너희 변덕스러운 자들이여, 너희 어머니 없는 아이들이여,

너희 이방인들이여!—우리 또한 이방인이니.

너희가 괴로워 몸부림치듯이,

그리고 어떤 행렬도,

어떤 원도, 어떤 귀향의 날갯짓도

끝내 이루지 못했듯이,

우리 또한 수많은 긴긴밤과

수많은 긴긴낮,

고통스럽고 애달픈 날갯짓의

방황으로 지쳤고,

마침내 모든 수수께끼가 잠든

깊은 심연 속으로

희망 없이 돌아왔구나.

크나큰 갈망과 불만 속에서

위대한 시인의 영혼이 노래하였듯이,

그 영혼 찬란히 날아올라

행복한 마법의 세계를 뚫고 나아갔듯이,

구름 다리를 따라

바람과 폭풍, 강과 파랑 속에서,

잔잔하게 흔들리는 수면의 강렬한 빛 속에서

아름다움은 자신이 사랑하는 길을 걷노라.

구름 떠 있는 하늘의 색깔 변화만큼,

한낮 호수의 깊은 푸른빛만큼,

고요한 만灣의 잔잔히 떨리는 물결만큼

경이로운 모습이 있을까?

어디서든, 너희의 밀려드는 움직임 속에는

모든 구원받지 못한 삶이 머물고,

모든 옛 시절의 영혼이 흐느끼고,

모든 영혼의 그리움이 소리 내어 묻노라.

뱃사공의 연약한 배가

폭풍과 격랑 사이에서 밀려다니듯,

우리 삶도 태어남과 죽음 사이에서

불안에 떨며 옥죄어 있구나.

찰나의 순간, 짓눌린 가슴으로

어렴풋한 몽상에 젖는 순간,

그 시간의 궤 속에

영원의 보물이 담겨 있구나.

바람이여, 물결이여, 구름이여, 형태도 머무름도 없는
너희는 본질적으로 우리와 닮았으니,
우리 방랑자들, 우리 닻 없는 항해자들을 닮았으니.
너희는 같으면서도 다르고,
갈망으로 가득하면서도 목표가 없고,
온통 열망과 의지의 덩어리이면서도 끝없는 유희로
구나.
우리는 너희를 낯선 경이로움으로 바라보네.
너희는 속삭이네, 어떤 입술도 꺼내지 못했던 말을,
너희는 쉼 없이 흔들리는 수수께끼 속에서
삶의 이미지와 그 깊은 의미를 그려 내는구나.

1900년

구름의 아름다움과 서글픔

 산, 호수, 폭풍, 해는 나의 친구였고, 나에게 이야기를 들려주었으며, 나를 길러 주었고, 또한 오랫동안 어떤 인간이나 어떤 인간 운명보다 나에게 더 친숙하고 소중했다. 그중에서도 내가 빛나는 호수나 쓸쓸한 소나무, 햇볕이 내리쬐는 바위보다 더 사랑한 것은 구름이었다.

 이 넓은 세상에서 나보다 구름을 잘 알고 깊이 사랑하는 사람이 있으면 나와 보라! 혹은 이 세상에 구름보다 더 아름다운 것이 있으면 말해 보라! 구름은 유희이자 눈의 위안이고, 축복이자 신의 선물이고, 분노이자 죽음의 힘이다. 또한, 갓 태어난 아기의 영혼처럼 연약하고 부드럽고 평화로우며, 선한 천사처럼 아름답고 풍요롭고 베푸는 존재다. 하지만 때로는 죽음의 사자처럼 음습하고 피할 길 없고 가차 없다. 구름은 얇은 은빛 층을 이루며 떠다니기도 하고, 황금빛 테두리를 두른 하얀 배처럼 환하게 웃으며 항해하기도 한다. 어떤 때는 노란색, 붉은색, 푸르스름한 색으로 물든 채 하늘에서 가만히 쉬어 가고, 어떤 때는 살인자처럼 음험하게 느릿느릿 숨어들고, 어떤 때는 미친 듯이 질주하는 기병처럼 사납게 휘몰아치고, 어떤 때는 우수에 젖은 은둔자처럼 슬픈 꿈을 꾸듯 아득히 공중에 걸려 있다. 구름은 축복받은 섬의 형상을 띠다가도 이내 축복하는 천사의 모습으로 바뀐다. 때로는 위협하는 손을 닮고, 때로는 바람에 펄럭이는 돛이나 이동하는 두루미 무리와 비슷하다. 구름은 하늘과 땅 모두에 속하는 존재로서 모든 인간적 그리움의 아름다운 은유처럼 신의 하늘과 가련한 땅 사이에서 떠돈다. 더럽혀진 영혼이 순수한 하늘에 안기고 싶은 대지의 꿈과 같다. 구름은 영원한 방랑의 상징이자, 끊임없는 탐색과 갈망, 집을 향한 그리움의 상징이다. 땅과 하늘 사이에 그렇게 불안스레 머뭇거리며 갈망하고 그러면서도 때로는 반항적으로 걸려 있는 구름처럼 인간의 영혼 또한 시간과 영원 사이에서 불안스레 머뭇거리며 갈망하고 그러면서도 때로는 반항적으로 걸려 있다.

오, 하늘에 떠 있는 아름다운 구름이여, 안식을 모르는 구름이여! 나는 철없던 시절부터 구름을 사랑했고 구름을 보며 살아왔다. 하지만 그때는 몰랐다. 나 또한 한 점 구름처럼 살아가게 될 줄은, 어디서든 낯선 존재로서 시간과 영원 사이를 둥둥 떠다니며 방랑하게 될 줄은. 어린 시절부터 구름은 나의 사랑스러운 연인이자 누이였다. 나는 길을 걸을 때마다 하늘을 올려다보았다. 우린 서로 고개를 끄덕이며 인사를 나누었고, 잠시 눈을 마주쳤다. 그 시절 구름에서 배운 것은 지금도 잊지 못한다. 그 형태, 색채, 특징, 유희, 윤무, 춤, 휴식, 그리고 구름이 들려준 지상과 하늘의 기묘한 이야기를……

얼마 뒤 나는 구름에 바짝 다가가고, 구름 사이를 거닐고, 구름 무리 중 일부를 위에서 관찰할 기회를 얻었다. 열 살 때였다. 나는 난생처음 산꼭대기에 올랐다. 우리 니미콘 마을이 기슭 쪽에 자리한 제날슈토크산이었다. 그때 난 처음으로 산의 무서움과 아름다움을 동시에 마주했다. 얼음과 눈 녹은 물이 흐르는 깊게 팬 협곡, 에메랄드빛으로 반짝이는 빙하, 기괴한 빙퇴석, 그리고 둥글고 높은 종처럼 온 세상을 감싼 하늘. 열 살이라는 나이까지 산과 호수 사이에 갇혀 살았고 사방이 봉우리로 둘러싸인 세상만 보아 왔던 내가 처음으로 머리 위에 드넓게 펼쳐진 거대한 하늘과 끝없는 지평선을 마주한 순간을 어떻게 잊을 수 있겠는가! 산을 오를 때부터 평소 아래에서 올려다보던 험준한 절벽과 바위가 압도될 만큼 크다는 사실에 놀랐다. 그러다 정상에 올라섰을 때 눈앞에 펼쳐진 광대한 세상에 완전히 사로잡혀 버렸다. 두려움과 환희가 뒤섞인 감정이 갑자기 밀려왔다. 세상이 이토록 거대하다니! 저 아래 우리 마을은 손톱만 한 점처럼 놓여 있었다. 계곡에서 볼 때는 나란히 붙은 듯했던 봉우리들도 걸어서 몇 시간 정도 떨어진 거리에 있었다.

그때 나는 어렴풋이 깨달았다. 이제껏 내가 본 세상은 그저 좁은 틈새로 흘깃 들여다본 한없이 작은 세상의 일부에 지나지 않았음을. 저 멀리서는 다른 산들이 솟아오르고 무너지고, 크나큰 일들이 일어나고 있지만, 이 외딴 산골에는 어떤 소식도 들려오지 않고 있음을. 내 안에서 무언가가 나침반 바늘처럼 파르르 떨리고 있었다. 머나먼 땅에 대한 무의식적인 강렬한 끌림이었다. 이제야 나는 구름의 아름다움과 서글픔을 온전히 이해할 수 있었다. 구름은 한없이 머나먼 곳으로 정처 없이 흘러가고 있었다.

『페터 카멘친트』에서 발췌

대화

사랑하는 너희 구름아,
산 넘고 바다 건너 색색이 피어나는
너희 구름을 나는 사랑했고 이해했노라.
너희 이동과 긴 항해는 내게 오래도록 친숙했으니,
폭풍의 어지러운 울림조차도.
너희와 대화를 나누고 너희와 정신적으로 하나 되고,
너희를 길동무 삼아 나는 그 먼 길을 지나왔지.
너희는 여전히 나를 사랑하고 나를 잊지 않았구나.

너희의 영원한 행로를 따라
수많은 길 위에서 오랜 방랑을 해 온 친구를,
너희를 사랑했고 너희의 말을 사용했던 친구를,
길과 길 사이 드물게만 잠시
사람들 틈에 머물렀던 친구를!
언젠가 이 땅이 나를 놓아주거든 너희가
나를 형제로 맞아 새로운 비상의 길로 데려가 줄 수

있을까?

내가 너희와 함께 바람과 파도를 지나면서

언젠가 나 홀로 그토록 오랫동안 쉼 없이 걸어온,

그 고향 길을 순례자들에게 알려 줄 수 있을까?

말해 다오, 형제여, 친구여! 나를 데려가 다오!

「베네치아의 묘지 섬에서」에서 발췌

파도처럼

머리에 거품을 왕관처럼 쓰고
푸른 물결에서 간절한 열망으로 온몸을 뻗고
넓은 바다에서 지치고 아름다운 모습으로 사라져 가는 파도처럼—

부드러운 바람에 실려
순례자에게 그리움을 일깨우고
창백한 은빛으로 낮 속으로 흩어져 가는 구름처럼—

그리고 뜨거운 길가에서
낯선 음색과 기묘한 운율로 울려 퍼지다가,
너의 심장을 머나먼 땅으로 이끄는 노래처럼—

그렇게 나의 삶도 시간 속으로 속절없이 흘러
곧 잦아들다가 은밀히

그리움과 영원의 나라에 닿으리.

1901년

들판 위로……

하늘 위로 구름이 지나가고,
들판 위로 바람이 불고,
내 어머니의 잃어버린 아이가
들판 위를 방황한다.

길 위로 낙엽이 흩날리고,
나무 위로 새들이 울어 대고—
저 산 너머 어딘가에
나의 머나먼 고향이 있을 텐데.

1900년

푄

 겨울이 끝날 무렵 깊게 울부짖는 바람 소리와 함께 푄이 찾아왔다. 알프스에 살 때는 불안과 공포의 대상이었지만 타지에 나가 있을 때면 사무치게 향수를 불러일으키는 소리다.

 푄이 가까워질 때쯤이면 여자와 남자, 산, 들짐승, 가축 할 것 없이 몇 시간 전부터 미리 느낀다. 푄에 앞서 거의 항상 서늘한 맞바람이 먼저 분다. 얼마 뒤 울부짖듯이 찾아올 따뜻한 바람의 전조다. 청록색 호수는 순식간에 먹물처럼 검게 변하고, 갑자기 수면에 하얀 포말이 인다. 방금 전까지 쥐 죽은 듯이 고요하던 호수가 이내 거센 파도를 일으키며 포효한다. 바다에서 파도가 바위를 때리듯. 순간 온 풍경이 불안에 떨며 다닥다닥 붙어 앉는다. 평소에는 아득히 멀리 보이던 산꼭대기 바위들도 이제 하나하나 셀 수 있을 만큼 가까워 보이고, 갈색 얼룩 같던 마을들도 지붕과 박공, 창문 하나하나 구분할 수 있을 만큼 선명하다. 산과 초지, 집들을 비롯한 세상 만물이 겁먹은 짐승 무리처럼 몸을 붙인다. 곧이어 울부짖는 소리가 대기를 가르고, 대지가 파르르 떨기 시작한다. 미친 듯이 일렁대는 호수 물결이 부딪쳐 공중에 하얀 포말을 연기처럼 흩뿌린다. 특히 밤이 되면 폭풍과 산이 벌이는 필사적인 전투의 함성이 끊이지 않는다. 그러다 얼마 지나지 않아 마을에는 이런저런 소식이 들린다. 흙더미에 묻힌 개울, 산산이 부서진 집, 파손된 배, 실종된 아버지와 형제들에 대한 이야기들이.

어린 시절 나는 푄을 무서워했고, 심지어 미워하기까지 했다. 그러나 소년의 야성이 깨어나면서 푄을 사랑하게 되었다. 반항아이자 영원한 청년이자 대담한 투사이자 봄의 전령인 이 바람을. 생명과 격정, 희망으로 가득 찬 푄이 폭풍처럼 몰아치고 웃고 신음하면서 자기만의 거친 싸움을 시작하는 모습은 황홀했다. 울부짖으며 골짜기를 질주하고, 산의 눈을 삼키고, 억센 노송老松을 거친 손으로 꺾어 비명을 지르게 하는 모습은 눈부셨다. 시간이 지나면서 푄에 대한 나의 사랑은 깊어졌다. 나는 이제 푄 속에서 달콤하고 아름답고 너무나 풍요로운 남국의 기운을 느꼈다. 온기와 아름다움을 품은 이 바람은 해마다 어김없이 남국에서 불어와 거대한 산맥에 부딪혀 부서지다가 마침내 서늘하고 평평한 북국에서 지쳐 사그라졌다. 푄의 계절이 찾아오면 산악지대 사람들, 특히 여자들을 덮치는 그 달콤한 열병만큼 야릇하고 진귀한 것은 없다. 이들은 설레어 잠을 이루지 못하고, 모든 감각이 누군가의 손길에 어루만져지듯 자극을 받는다. 마치 남국이 삭막하고 궁핍한 북국의 품에 뜨겁게 안기며 설경 속의 알프스 주민들에게 이렇게 외치는 듯하다. 이제 로만디 지방의 자줏빛 호숫가에도 앵초와 수선화가 피어나고 아몬드나무에 꽃이 피리라!

푄이 사라지고 마지막 남은 더러운 눈 더미까지 녹아

내리면 마침내 너무나 아름다운 순간이 찾아온다. 산비탈마다 싱그러운 풀밭에 노란 꽃이 만발하고, 저 멀리 높은 곳에서는 눈 덮인 봉우리와 빙하가 찬란하게 우뚝 서 있다. 푸르고 따뜻해진 호수 위에는 해와 흘러가는 구름이 드리운다.

 이 모든 것은 누군가의 어린 시절을 채우기에 충분하다. 아니, 어쩌면 한 사람의 인생을 채우기에 충분할지도 모른다. 왜냐하면 이 모든 것은 인간의 입에서는 나올 수 없는 신의 소리를 또렷하고 굴절 없이 드러내기 때문이다. 어린 시절 그걸 들은 사람이라면 그 소리는 평생 달콤하고 강렬하게, 때로는 두렵게 귓가에 울려 퍼질 것이고, 결코 그 소리의 마법에서 벗어날 수 없으리라.

『페터 카멘친트』에서 발췌

조용한 구름

가늘고 하얀,
부드럽고 조용한
구름 한 점이 창공을 흘러가네.
눈길을 낮추고 느껴 보라,
구름이 하얀 서늘함으로 행복하게
너의 푸르른 꿈을 지나가는 것을.

1900년

낯선 도시

묘한 슬픔이 밀려오네,
낯선 도시를 거닐면,
고요히 잠든 밤의 거리,
달빛 어린 지붕들.

구름이 기이한 모습으로 흘러가네,
탑과 박공지붕 위로,
고향을 잃고 찾는 사람처럼
고요하고 장엄하게.

허나 너는 갑자기 무언가에 압도되어
그 슬픈 마법에 몸을 내맡기고,
손에서 짐을 내려놓은 채
오래도록, 쓰라리게 흐느끼네.

1901년

순례자

멀리서 천둥이 소리치고,
시커먼 사내 같은 구름이
신음하듯 답답한 대기를 질주하고
숲은 탄식하기 시작하네.

홀로 넓은 들판을 지나
한 순례자 터벅터벅 걸어오네,
세상과의 싸움에서
수많은 치욕과 상처를 입은 이가.

나뭇가지와 잎사귀가 파르르 몸을 떨며 바스락거리고,
공기는 더욱 무겁고 누렇게 변하고,
구름 속 먼지 짙게 날리네.
순례자는 바로 나 자신이니.

1901년

폭풍

폭풍이 몰아치는 하늘에 너덜너덜 올 풀린 회색과 보랏빛 구름 띠들이 흘러갔다. 이튿날 오전, 너무 이른 시각은 아니었지만 다시 길을 나섰을 때 거센 바람이 나를 맞았다. 얼마 뒤 언덕 능선에 오르자 소도시와 성, 교회, 그리고 배들이 장난감처럼 물가에 아기자기하게 밀집한 작은 선착장이 내려다 보였다. 순간 예전에 여기 머물렀을 때의 재미있는 이야기들이 떠올라 절로 웃음이 나왔다. 나로선 반가운 일이었다. 방랑의 목적지에 가까워질수록 왠지 모르게 가슴이 조여 오고 답답한 기분이 들 때가 많았기 때문이다.

쌩쌩 부는 시원한 바람을 맞으며 걷는 건 퍽 상큼했다. 나는 거친 바람 소리에 귀를 기울였고, 능선을 따라 걸으며 점점 광활하고 웅장하게 펼쳐지는 풍경을 짜릿한 환희의 감정으로 바라보았다. 북동쪽 하늘이 개기 시작했다. 그 방향으로 시야가 탁 트이면서 푸르른 산맥이 장엄한 질서를 이루며 길게 이어졌다.

이 반구半球의 풍경에서 거칠고 어지럽게 층 지은 산맥이, 마치 화석화된 대홍수의 흔적이나 거인들의 전투처럼 보이던 산맥이, 저지대를 위한 물 저장고로 인식되는 순간 불현듯 명확하고 이성적이며 심지어 우아하게 설계된 체계처럼 보이는 모습은 얼마나 오묘하던지! 예전에 한 자연 연구자가 내게 그런 관점을 가르쳐 준 바 있었다. 하지만 내가 그런 식으로 세상을 바라보는 시간은 몇 분에 지나지 않고, 곧 그 질서는 다시 혼돈 속으로 빠져들었다. 산들이 저렇게 뾰족하고 부드럽게 물결치는 것이 단지 저 아래 도시 주민들에게 마실 물과 씻을 물을 제공하기 위해서라고는 도저히 믿기지 않았기 때문이다.

높이 올라갈수록 바람은 거셌다. 가을 기운이 묻어나는 바람은 신음과 웃음을 섞어 가며 아름다운 열정을 노래했는데, 그에 비하면 우리 인간의 열정 따위는 한낱 유치한 장난에 불과하다고 말하는 듯했다. 바람은 고대 신들의 이름 같은 태곳적의 언어를 내 귀에다 대고 소리쳤다. 또한 방황하는 구름 조각을 온 하늘 위에 평행한 띠처럼 펼쳐 놓았는데, 이 구름 띠 속에는 마지못해 길들여진 기운이 감돌았고 그 아래 산들은 한껏 몸을 낮추는 듯 보였다.

거센 바람과 광활한 산맥을 마주하자 내 마음속의 미묘한 불안과 긴장은 차츰 사라졌다. 이 길과 날씨에 마음을 빼앗기면, 내가 청춘의 한 자락을 다시 대면하고 정체를 알 수 없는 모호한 흥분의 소용돌이로 빠져들고 있다는 사실은 더 이상 그리 중요하고 압도적으로 느껴지지 않았다.

정오가 지나고 얼마 지나지 않아 나는 산길의 가장 높은 지점에서 걸음을 멈추고, 무언가를 찾듯 엄청나게 넓은 대지를 당혹스러운 시선으로 훑어보았다. 가까운 곳에는 초록빛 산들이 있었고, 더 멀리는 푸른 숲과 노란 바위산, 수천 번 접힌 듯한 구릉 지대, 그 뒤로는 가파른 바위 봉우리와 창백하고 부드러운 눈 피라미드를 품은 고산이 펼쳐져 있었다. 발아래에는 흰 포말이 이는, 바다 같은 푸른빛의 커다란 호수가 있었고, 그 위에는 돛단배 두 척이 몸을 낮춘 채 미끄러지듯 떠갔고, 초록색과 갈색이 어우러진 물가에는 황금빛으로 타오르는 포도밭과 색색의 숲, 반짝이는 도로, 마을 과수원, 칙칙한 어촌, 밝고 어두운 색으로 층을 이룬 도시들이 보였다. 이 모든 것들 위로 연갈색 구름이 허공을 비질하듯이 지나갔고, 그 사이사이 녹청색과 오팔빛의 맑은 하늘이 조각조각 드러나면서 구름에 햇빛으로 부채꼴 그림을 그렸다. 모든 것이 움직였다. 산줄기도 거대한 물결처럼 넘실댔고, 알프스 봉우리도 빛의 변화 속에서 끊임없이 요동쳤다.

폭풍과 구름이 몰아치는 가운데 내 감정과 갈망도 광활한 공간 위로 뜨겁고 격렬하게 휘몰아쳤다. 때로는 눈 덮인 머나먼 봉우리를 끌어안다가도 어느새 연두색

호숫가로 달려가 잠시 쉬어 가면서. 예전에 내 마음을 앗아 간 방랑자의 감정이 구름 그림자처럼 내 마음을 형형색색으로 스쳐 지나갔다. 놓쳐 버린 것, 인생의 짧음과 세상의 충만함, 정처 없음과 고향을 찾으려는 슬픔의 감정이 밀려들었고, 그런 가운데 공간과 시간에서 완전히 해방된 것 같은 감정의 소용돌이가 교차했다.

파도가 천천히 잦아들었다. 더는 울부짖거나 포말을 일으키지 않았다. 내 마음도 차츰 고요해졌고, 마치 저 하늘을 유유히 나는 새처럼 평온하게 가라앉았다.

그때 나는 미소를 머금고 다시 돌아오는 몸의 온기를 느끼며 익숙한 굽은 길과 둥글게 부푼 숲, 교회 첨탑을 지그시 바라보았다. 아름다운 청춘 시절의 그 땅이 여전히 예전과 똑같은 눈길로 나를 물끄러미 마주 보고 있었다. 마치 한 군인이 북받쳐 오르는 감정으로 지도에서 당시의 전장을 찾아 되새겨 보듯 나는 가을빛으로 물든 이 풍경 속에서 예전의 그 수많은 어리석고도 황홀했던 순간들과 이제는 거의 전설이 되다시피 한 한때의 사랑 이야기를 떠올렸다.

아, 지나간 것들이여! (…) 그중에서 가장 귀한 것은 예전의 사랑이 준 힘이었다. 사랑을 위해 살고, 사랑을 위해 싸우고, 사랑을 위해서라면 어디든 물불 가리지 않고 뛰어들 수 있던 쾌활한 힘이었다. 단 한순간을 위해 모든 것을 내던질 수 있고, 사랑하는 여인의 미소를 위해서라면 몇 년을 희생할 수도 있었던 열정은 행복이었다. 나는 아직 그 열정을 잃지 않았다.

나는 휘파람을 불며 일어나 다시 길을 나섰다.

언덕을 넘자 길이 내리막으로 접어들면서 이제는 장대한 호수 풍경과 작별할 수밖에 없게 되었을 때 해는 막 뉘엿뉘엿 기울었고, 천천히 자신을 감싸고 집어삼키려는, 굼뜬 노란 구름 덩어리들과 싸움을 벌이고 있었다. 나는 걸음을 멈추고 하늘에서 펼쳐지는 신비로운 광경을 지켜보았다. 묵직한 구름 가장자리에서 연노랑

햇살이 솟구쳐 올라 동쪽으로 퍼져 나갔다. 이어 온 하늘이 순식간에 주황색으로 물들었고, 작열하는 진홍빛 구름 띠들이 허공을 가로질렀다. 동시에 모든 산은 짙은 남색으로 변했고, 호숫가의 시든 갈대가 불타오르기 시작했다. 이윽고 모든 노란빛이 사라졌고, 붉은빛은 따뜻하고 부드러워지면서 베일처럼 아련하고 하늘하늘한 구름을 천국의 빛으로 감싸며, 칙칙한 안개 벽을 수천의 가느다란 분홍빛 실핏줄처럼 관통했다. 안개 벽의 잿빛은 서서히 붉은빛과 섞여 형언할 수 없이 아름다운 보랏빛으로 변해 갔다. 호수는 깊은 남색, 아니 거의 검은색으로 물들었다. 물가의 얕은 곳은 환한 초록빛으로 선명하게 모습을 드러냈다.

고통에 가까울 만큼 아름다운 색채의 격렬한 몸부림이 마침내 사그라들었다. 거대한 지평선에서 펼쳐지는 이런 불꽃과 급격한 덧없음에는 항상 어떤 매혹적인 대담함이 담겨 있었다. 나는 내륙 쪽으로 몸을 돌렸고,

이미 저녁의 고요함에 완벽하게 가라앉은 맑고 서늘한 골짜기 풍경에 깜짝 놀랐다. 키 큰 호두나무 아래에서 수확 중에 놓친 호두 한 알이 발에 밟혔다. 그것을 집어 들어 껍데기를 벗기자, 신선하고 촉촉한 연갈색 속살이 드러났다. 깨무는 순간 톡 쏘는 향과 맛이 느껴졌고, 돌연 어떤 기억이 나를 덮쳤다. 마치 거울 조각에서 불쑥 빛줄기가 반사되어 어두운 방 안을 비추듯, 현재의 한가운데에서 사소한 계기로 촉발되어 지금껏 잊고 있던 과거의 한 조각이 놀랍고도 섬뜩한 모습으로 눈앞에 번쩍 떠올랐다.

아마 열두 해 또는 그 이상 잊고 있다가 다시 떠오른 그때 일은 내게 부끄러우면서도 소중한 기억이었다. 열다섯 살이 다 되었을 무렵이었다. 내가 다른 도시에서 기숙 생활을 하며 김나지움을 다니던 어느 가을날 어머니가 찾아왔다. 나는 김나지움 학생으로서의 거만함을 지키려는 듯 차갑고 도도하게 굴었고, 사소한 일들로 어머니의 마음을 아프게 했다. 다음 날 어머니는 떠났다. 그전에 학교에 와서 오전 쉬는 시간까지 나를 기다렸다. 우리가 시끌벅적하게 교실에서 쏟아져 나왔을 때 어머니는 미소를 지으며 어색하게 서 있었다. 어머니의 선하고 다정한 눈이 멀리서부터 나를 향해 웃고 있었다. 그러나 나는 주변 친구들의 시선이 의식되었다. 그래서 천천히 걸이가 가볍게 고개만 끄덕거리고 다른 살가운 행동은 하지 않음으로써 어머니가 작별의 입맞춤을 하고 축복의 말을 건네려던 마음을 접게 만들었다. 어머니는 슬퍼하면서도 씩씩하게 미소 짓더니 갑자기 길 건너 과일 가판대로 가 호두를 1파운드 사서는 봉지째 내 손에 쥐여 주고 곧장 기차역으로 떠났다. 나는 촌스러운 가죽 가방을 들고 길모퉁이를 돌아가는 어머니를 바라보았다. 어머니의 모습이 시야에서 사라지자 깊은 후회가 밀려들면서 어리석고 유치한 내 행동을 울면서라도 용서받고 싶었다. 그때 한 친구가 지나갔다. 세련되게 행동하려는 면에서는 나와 쌍벽을 이루는 녀석이었다.

"엄마가 사 준 사탕이야?" 녀석이 짓궂게 웃으며 물었다.

나는 다시 자존심을 내세우며 녀석에게 봉지를 내밀었다. 그러나 녀석이 받지 않자 4학년 아이들에게 호두를 전부 나눠 주었다. 내 것은 하나도 남기지 않고서.

나는 화가 나 호두를 깨물었고, 바닥을 덮은 거무스름한 낙엽 사이로 껍질을 던져 버렸다. 그러고는 녹청색과 금빛으로 여위어 가는 늦은 하늘 아래서 편안한 길을 따라 계곡 쪽으로 내려갔다. 이어 가을빛으로 물든 자작나무와 유쾌해 보이는 유럽팥배나무를 지나 푸른빛이 감도는 어린 전나무 숲으로 들어갔고, 이윽고 키 큰 너도밤나무 숲의 깊은 그림자 속으로 사라졌다.

「가을 도보 여행」에서 발췌

어머니의 꿈

저기 따스한 초지에서
하늘을 올려보다가
지친 눈을 감고
꿈나라로 건너가
어머니에게 가리라.

아, 어머니는 벌써 나를 알아보았어!
나직이 내게 다가와
머나먼 길을 지나온 나를,
내 이마와 두 손을
당신의 품에 가만히 거둔다.

어머니는 이제 내가
부끄러움으로만, 쓰라린 한탄으로만
고백할 수 있는 일들을 물으실까?
아니다, 어머니는 웃는다! 웃고 기뻐하신다,

오래도록 그리워하던 내가 곁에 있음을.

1904년

구름 낀 밤

우듬지에 폭풍을 머금은,
내가 좋아하는 너 구름 낀 밤이여,
너의 격렬한 박동 속에는 어찌하여
죽음의 찬란함이 그토록 급격히 타오르는가!

너 고통의 노래여, 너 슬픔의 노래여,
너 전율과 죽음에 대한 생각이여,
나는 향수에 젖은 네 밤의 선율에 담긴
그 은밀하고 거친 매력을 잘 아나니!

언젠가 소년 시절처럼
너는 어두운 슬픔으로 내 마음을 채우는구나.
그건 너무나 익숙한 아픔이자,
당시의 오래된 슬픔이구나,
다만 달콤함이 없고 더 깊기만 한.

1900년

룰루

높은 초원 위를 스치는

한 점 구름의 수줍은 그림자처럼

너의 아름다움이 조용히 다가와

나직한 슬픔으로 나를 어루만졌네.

꿈과 꿈 사이 때때로

삶이 나를 붙잡으려 하고,

황금빛으로 빛나고 명랑하게 유혹하다가도

이내 사라지고―나는 다시 꿈을 꾸네.

깨어남의 순간을,

내 눈이 잠든 사이

그림자처럼 내 위를 지나가 버린

운명들을 꿈꾸네.

1899년

아름다운 구름

빠르게 선회하는 공기 소용돌이가 마지막 남은 뇌운을 몰아내자 고요해진 바다 위로 한낮의 해가 맑고 뜨겁게 비추었다. 하늘엔 구름 덩어리 하나만 남았다. 거기서 부드러운 흰 안개구름이 피어올랐고, 은회색 구름 덩어리가 흩어져 사라지자 오직 이 구름만 진청색으로 반짝이는 하늘 한가운데에 걸려 있었다. 구름은 솜털처럼 흩날리며 위로 솟구치더니 천천히 북쪽으로 흘러갔다. 그렇게 천천히 표류하는 동안 흩날리는 가장자리를 가지런히 거둬들여 둥근 형체를 갖추더니 더욱더 강렬한 선명함과 흰색으로, 축축한 갈색 삼각돛을 서둘러 다시 올리는 선원의 눈을 즐겁게 했다.

그렇게 밝고 외롭게, 그리고 조용히 창공을 미끄러지듯이 흘러가는 구름을 보고 있노라면 멀리서 들려오는 여자의 노랫소리 같다는 느낌이 들었다.

실제로 구름은 노래하고 있었다. 노래하면서 날아갔고, 가수인 동시에 노래 그 자체였다. 오직 큰 바닷새와 짠 바닷바람만 구름의 노래를 알아들을 수 있었다. 어쩌면 리보르노의 최외곽 등대나 코르시카섬의 높은 언덕처럼 최대한 가까운 곳에서 구름을 본 시인이라면 그 노래를 알아들을 수 있었을지 모른다. 그러나 거기엔 시인이 없었다. 설령 있다고 해도 구름의 노래를 인간의 언어로 옮기는 건 어려운 일이었으리라. 어쩌면 그는 이렇게 옮겼을지 모른다.

'나는 얼마나 아름다운가! 나는 얼마나 하얀가! 나는 얼마나 가벼운가! 오, 바다여, 푸른 바다여! 누가 너를 나처럼 바라보랴? 누가 너를 나처럼 사랑하랴? 누가 너를 나처럼 장식하랴? 오, 바다여, 푸른 바다여!—오, 태양이여, 황금빛 태양이여! 나는 너를 사랑하고, 너의 모든 빛을 나의 하얀 날개 위에 모은다! 오, 황금빛 태양이여, 너는 나를 사랑하는가? 나는 꿈을 꾼다. 꿈을 꾼다. 네가 나를 사랑하는 꿈을. 네가 진홍빛 저녁 외투를 걸치고 내게로 와 나의 하얀 날개에 감싸 주는 꿈을. 그러면 나는 진홍빛으로 불타오르며, 초록빛 대지든 푸른 바다든 황금빛 대기든 이 세상에 존재하는 어떤 것보다 더 아름다워지리니. 오, 태양이여, 황금빛 태양이여! 나는 너를 사랑해. 나는 너를 사랑해!'

 아름다운 흰 구름의 노래는 라스페치아와 세스트리만을 넘어 라팔로의 회황색 해안 절벽을 지나갔다. 구름은 마치 대성당의 둥근 지붕에서 떨어지는 물방울처럼 수평선 너머로 한없이 미끄러지는 검은 배들을 보았고, 붉고 노란 돛을 단 어두운 범선에서 항해하는 구릿빛 피부의 어부들을 보았으며, 벌겋게 불타오르며 프랑스 쪽으로 서서히 기울어 가는 태양을 보았다. 노래하고 꿈꾸면서. 저녁을, 진홍빛으로 불타오르는 저녁을, 불덩이의 시간을, 침묵의 시간을, 사랑의 시간을 꿈꾸면서……
 오, 태양이여, 황금빛 태양이여!

구름은 항상 같은 노래만 불렀다. 푸른 바다의 노래, 태양의 노래, 자신의 사랑과 아름다움에 대한 노래, 그리고 저녁의 노래를, 불타오르는 색채의 향연에 탐닉하는 저녁의 노래를……

하늘 저편에서 제노바가 치솟았다. 둥그런 만에 자리 잡은 밝고 가파른 도시였다. 제노바 뒤에는 요새 성벽이 있었고, 그 뒤에는 언덕과 드넓은 연둣빛 대지가 펼쳐졌으며, 그 끄트머리에는 희고 차갑고 낯선 알프스 능선이 고요히 이어져 있었다. 구름은 몸을 떨며 더 느릿느릿 떠갔다. 저곳으로 꼭 가야 할까? 바다에서 태어난 따스하고 아름다운 자신이? 저 북방의 차갑고 황량한 산들에서 무엇을 하려고?

오, 태양이여, 태양이여, 나를 사랑하는가?

큰 항구 도시에서 종소리가 울려 퍼졌다. 산토 스테파노 성당의 종소리였다. 동쪽 산들이 기묘한 푸른빛을 띠며 가까워졌고, 프랑스의 은회색 언덕 위로 태양이지고 있었다.

 태양! 깊은 진홍빛으로 타오르는 태양이 대지와 바다 위로 경이롭고 슬픈 아름다움을 흩뿌렸다. 대지는 푸른 그림자와 보랏빛으로 물들었고, 바다는 붉은 황금빛과 자주색으로 타올랐다.

 순간 태양의 어둡게 타오르는 시선이 그리움을 담은 구름에 닿았다. 환한 깃털 같은 구름이 뜨거운 전율 속에서 불타올랐는데, 어찌나 붉고 또 붉은지 제노바의 언덕 위에 활활 타오르는 횃불이 걸려 있는 듯했다.

 바다 빛이 식고, 대지는 회색으로 바뀌고, 교회의 둥근 지붕과 요새의 성벽, 언덕의 가로수 길 위에 서서히 땅거미가 깔렸다. 하지만 그 위의 주홍빛 구름만 여전히 외롭게 불타고 있었다. 땅과 바다와 하늘에 있는 그 무엇보다 아름답게.

 구름은 서서히 분홍빛, 남보랏빛, 보랏빛으로 바뀌었다. 그러다 마침내 회색으로 변하더니 보이지 않았다.

이제는 막 떠오른 희미한 별빛 속에서 구름이 얼마나 빨리 흘러가는지, 노비와 파비아, 밀라노를 지나 북방의 차갑고 낯설고 하얀 산들로 얼마나 서둘러 달려가는지 누구의 눈에도 보이지 않았다.

1902년

관객

흉 진 가슴속 오랜 마음의 상처,
나는 머나먼 젊은 시절에 좋아했던 일을 되풀이하네,
여름 구름의 하얀 구름 행렬을
고요한 눈으로 몇 시간씩 쫓아가던 그 일을.

내가 보았고 내가 했고 내가 겪었던 모든 것이
저 높은 구름 행렬 속에서 함께 흘러가네.
한때 법칙과 무관하게 거칠게만 보였던 것들이
영원한 법칙에 따라 항해하는 것이 보이네.

나는 이제 기쁨도 슬픔도 없이 바라보네,
저 너머 영원 속으로 사라지는 행렬을.

1900년

Zuschauer

Ein altes Herzweh in vernarbter Brust,
Üb' ich der fernen Jugend Lieblingslust:
Dem lichten Zug der sommerlichen Wolken
Mit stillen Augen stundenlang zu folgen.

Und alles, was ich sah und tat und litt,
Zieht in den hohen Wolkenzügen mit.
Ich seh nach ewigen Gesetzen tagen,
Was einst mir wild erschien und frei
       von Regeln.
Und seh die Züge ohne Lust noch Leid
Hinüber fahren in die Ewigkeit.

피에솔레

머리 위 창공으로
구름이 떠가며 내게 고향을 가리키네.

이름 없는 머나먼 곳,
평화와 별들의 나라인 고향으로.

고향이여! 내 너의 푸르고 아름다운
물가를 영영 볼 수 없을까?

그럼에도 여기 남쪽 땅에서
너의 해안은 가깝고 닿을 수 있을 듯한데.

1901년

저녁 색깔

 8월 말의 피츠나우였다. 뜨겁고 찬란한 낮이 지나고 호수 위를 황홀한 색채로 물들이는 눈부신 저녁으로 마무리되는 날들이 이어졌다. 그 시기 나는 날마다 해 질 녘이면 뷔르겐슈토크 산자락에 위치한 마트에서 노를 저어 천천히 피츠나우로 돌아갔다. 루체른 방향의 호수 풍경은 매일 미세하게 바뀌었는데, 그쪽에선 해가 희끄무레한 안개에 휩싸인 언덕 위로 가만히 내려앉고 있었다. 그 시간쯤이면 호수 수면은 늘 기름을 바른 듯 매끄러웠다. 드물게 따뜻한 미풍이 불어와 수면이 미미하게 일렁이거나 띄엄띄엄 잔물결이 일 뿐이었다.

 자주 반복된 이 풍경은 내 마음에 너무도 아름답고 선명하게 아로새겨져, 마치 자주 부른 노래처럼 언제든 되살려 내 다시 음미할 수 있을 정도다. 원한다면 연대기처럼 충실하게 묘사할 수도 있다. 이런 상상을 해 보라. 당신은 마트와 루체른 사이 호수 한가운데 작은 거룻배에 앉아 있다. 배는 천천히 피츠나우로 향하는데,

당신은 피츠나우를 등진 채 노를 젓고 있다. 다만 이 배엔 동행도 노래도 대화도 있어선 안 된다. 친구나 연인과 둘이어서도 안 되고 오직 당신 혼자여야 하고, 가슴에 고독한 이의 욕정 없는 사랑을 품고 있어야 한다. 그러면 다음의 장면을 보게 될 것이다.

당신 앞에는 거룻배의 뾰족한 이물이 반짝이는 호수 위에 짙고 선명하게 드리워져 있다. 물은 여전히 늦은 오후의 깊은 초록빛을 띠고 있지만, 저 멀리 앞쪽은 푸른빛이 도는 은빛 톤으로 은은하게 어른거리고, 이 색조에 거의 눈에 띄지 않을 만큼 서서히 따뜻한 황금빛이 스며든다. 반면에 뷔르겐슈토크산 쪽으로는 물빛이 차츰 어두워진다. 농도가 다른 여러 지점을 지나 마침내 묵직한 잉크빛 푸른색이 될 때까지. 이 푸른빛으로 인해 희뿌옇고 길쭉한 해안선이 더욱 도드라진다. 해변의 환하게 어른거리는 바위에서 비롯된 이 밝은 빛의 선이 없다면 해안은 훨씬 멀게 느껴질 것이다. 희끄무레한 해안선이 눈을 거의 강제로 끌어당긴다. 반면에 연두색으로 강렬하게 빛나는 리기산 쪽의 해안은 똑같은 해안선을 갖고 있지만, 환한 호수의 색조와 뒤섞인 바람에 별로 도드라져 보이지 않는다. 또한 불그스름한 둥근 바위층과 환한 초지를 품은 리기산의 긴 장벽도 호수의 이 지점에서는 맑게 비치는 반면에, 건너편 함메트슈반트 봉우리는 흐릿한 그림자 형태로만 물속에 잠겨 있다.

이제 당신 머리 위 흰 구름이 하나둘 금빛으로 물들기 시작한다. 당신은 낮게 걸린 해를 바라보며 저 멀리 호수 색이 더는 푸른빛도 은빛도 아닌, 번쩍거리는 황동 원반처럼 완벽한 주황색으로 빛나고 있음을 알아차린다. 이 황금빛 세계의 경계는 케르지텐과 베기스 선착장에 닿을 정도로 점점 가까워진다. 아직은 눈이 감당할 수 있을 만큼의 눈부신 빛으로.

이제 해는 더욱 낮게 비추고 더욱 커지기 시작한다.

거룻배에서 보면 아직 남아 있는 초록빛 수면은 이제 거대한 색채의 향연으로 빠져든다. 황금빛과 적갈색 사이의 색깔이 다양한 농도로 펼쳐지고, 바람에 일렁이는 지점은 진홍빛으로 타오른다. 이 시점부터 눈에 대한 신뢰는 사라지고, 색을 구별하는 건 점점 어려워진다. 이제 당신은 등을 기댄 채 붉은빛과 황금빛의 따뜻한 색조로 넘실대는 바다를 경이로운 시선으로 바라볼 뿐이다. 이제껏 본 적 없는 리듬으로 일렁이고 계속 변하면서도 늘 한결같은 바다를.

맑은 날이면 이 풍경은 해가 지평선에 닿을 때까지 계속된다. 그 즈음 해는 깊은 붉은빛을 띠고 호수는 마법처럼 변한다. 당신의 눈길이 닿는 곳까지 호수는 청록색이 감도는 은은한 황금빛을 띠고, 곧 서쪽 하늘도 그 색을 닮아 간다. 이어 황금빛 물결 한가운데로 넓고 한없이 긴 불꽃 다리가 생겨난다. 먼 해안에서 붉고 환하게 시작해서 깊고 진한 보라색 불꽃으로 끝나는 다리인데, 일몰 몇 분 동안 호수 위에 비치는 붉은 해의 거울상이다. 이제 당신은 바로 눈앞에서 해가 이글이글 타오르다가 황갈색으로 서서히 꺼져 가는 것을 지켜본다. 고개를 들면 저기 지평선에서도 해는 사라진다. 하지만 언덕 뒤로 넘어가면서 여전히 건너편 대기와 붉게 물든 구름을 놀라울 정도로 선연하게 보여 준다. 그 사이 호수는 시나브로 빛이 사그라들고 서서히 환상적이고 몰아적인 꿈의 색깔로 갈아입고는 완전히 꺼져 간다. 이 광경은 태곳적의 노래나 전설처럼 당신의 가슴을 건드린다.

당신 등 뒤에서는, 만일 당신의 눈이 예리하다면 급속히 어두워지는 바우엔과 우른의 산들 위 하늘에 벌써 파리하게 떠오르는 샛별들이 보일 것이다.

1901년

저녁 구름

시인이 고민하고 본능에 따라 하는 일이,
운율과 시구를 자그마한 책에 적어 내려가는 일이
누군가에게는 아무 의미 없어 보일 수 있지만,
신은 그것을 이해하고 기꺼이 받아들인다.

그분은 스스로 세상을 헤아리는 존재이지만,
때로는 시인이기도 하다.
저녁 종소리 울리면
마치 꿈꾸듯 하늘로 손을 뻗어
고된 하루의 끝을 축하하는 놀이로
황금빛 구름을 아름답고 풍성하게 수놓고,
산등성이를 따라 장식하고,
저녁노을 속에 붉은 거품처럼 몽글몽글 피워 올린다.
특히 애정을 담아 만든 몇몇 구름은
그분께서 오랫동안 인도하고 보호하사
마치 허공으로 빚어낸 듯

하늘에 머물며 행복하게 미소 짓는다.
하찮고 허울 좋은 장식에 불과해 보이던 것이
이제 마법이 되고 자석이 되어
사람의 마음을 끌어당긴다.
그분을 향한 그리움과 기도로서.
창조주가 미소 지으며 짧은 꿈에서
깨어나면 이 놀이도 사그라지고,
저 멀리 서늘한 곳에서
평화로운 밤이 활짝 피어오른다.
신의 순수한 손에서 나온 형상만이
비록 놀이로 탄생한 것일지라도
언제나 완벽하고 아름답고 복되다.
어느 시인도 이보다 더 아름다운 것은 빚어내지 못한다.
그리하여 네가 부르는 세속의 노래는
곧 흩어질 저녁 종소리라면,

그 위로, 빛 속에 불타오르는

구름은 신의 손길에 의해 흘러간다.

1907년

밤의 감정

내 마음 환히 비추는
푸른 밤의 위력으로
갑작스레 구름 갈라진 깊은 곳에서
달과 별들의 세계가 뚫고 나오네.

영혼이 자신의 무덤에서
이글이글 불타오르니,
창백한 별빛의 향기 속에서
밤이 하프를 뜯기 때문이라.

근심은 달아나고 고통은 작아지네,
그 부름 들려온 뒤로.
내 비록 내일 사라진다 해도,
오늘은 여기 있네!

1914년

엘리자베트

 기분 전환을 위해 나는 배를 타고 환하게 빛나는 따스한 호수로 유유히 노 저어 갔다. 해는 저녁으로 기울고 있었고, 하늘에는 눈처럼 하얀 구름 한 점만 아름답게 떠 있었다. 나는 줄곧 구름을 바라보며 고개를 끄덕였다. 어린 시절 나의 구름 사랑을 떠올리고, 엘리자베트를 떠올리고, 그리고 언젠가 엘리자베트가 아름답고 감동 어린 모습으로 그 앞에 서서 바라보던 세간티니의 그림 속 구름을 떠올리며. 그녀를 향한 나의 사랑은 어떤 말이나 불순한 욕망으로 흐려진 적이 없지만, 지금 이 순간처럼 행복하고 순수하게 느껴진 적도 없었다. 나는 지금 구름을 바라보며 내 삶의 모든 좋은 순간을 차분하고 감사한 마음으로 돌아보았고, 예전의 혼란과 격정 대신 소년 시절의 그리움만 느꼈으며, 그리움은 이제 한층 성숙하고 고요한 모습으로 내 안에 자리하고 있었다.

 예전부터 나는 노를 젓는 차분한 리듬에 맞춰 무언가

를 흥얼거리거나 노래하는 습관이 있었다. 이번에도 내 입에서 나직이 노랫소리가 흘러나왔고, 그러다 내가 시를 읊고 있음을 알아차렸다. 나는 이 시구들을 마음에 담아 집에 돌아와서는 아름다운 취리히 호수의 저녁을 추억하는 의미로 적어 두었다.

저 하늘 높이 떠 있는
한 점 흰 구름처럼
그대도 희고 아름답게
저 멀리 있구나, 엘리자베트.

그대는 알아채지 못하겠지만,
흐르고 떠도는 저 구름
어두운 밤에도
그대 꿈을 지나 흘러가리,

신비로운 광채 속에 흘러가리,
흰 구름을 향해 그대 끊임없이
달콤한 향수를
느낄 수 있도록.

『페터 카멘친트』에서 발췌

Wie eine weisse Wolke
Am hohen Himmel steht,
So weiss und schön und ferne
Bist Du, Elisabeth.

Die Wolke geht und wandert,
Kaum hast Du ihrer acht,
Und doch durch Deine Träume
Geht sie in dunkler Nacht,

Geht und erglänzt so selig,
Dass fortan ohne Rast
Du nach der weissen Wolke
Ein süsses Heimweh hast.

×

봄날

덤불 속의 바람과 새들의 지저귐,
그리고 저 높디높은 달콤한 창공에
조용하고 자랑스럽게 떠가는 구름 배 한 척……
나는 금발의 여인을 꿈꾸네,
내 젊은 시절을 꿈꾸네,
저 넓고 푸른 하늘은
내 그리움의 요람,
그 속에서 조용히 생각에 젖고
따스하게 감싸인 채
나직이 흥얼거리며 누워 있네,
어머니 품에 안긴
한 아이처럼.

1912년

날이 무더워졌다. 어찌나 햇빛을 가득 머금고 그에 흠뻑 젖어 있는지 눈을 들고 오래 쳐다볼 수 없는, 창공 중간쯤에 고요히 떠 있는 흰 구름 몇 점만큼 맑은 한여름날의 열기를 잘 보여 주는 것은 없다. 구름이 없다면 날이 얼마나 더운지 알아차리기는 쉽지 않을 터, 푸르른 하늘과 거울처럼 반짝거리는 강물로는 알기 어렵다. 그러나 거품처럼 부풀어 오른 한낮의 하얀 돛단배 몇 척을 보는 순간 문득 해가 이글거리는 것을 느끼며 그늘을 찾아 나서고 젖은 이마를 손으로 쓸어내리게 된다.

『수레바퀴 아래서』에서 발췌

내 삶은 무엇이었나?

삶이 오늘 끝난다면 내 삶은 무엇이었나?
잃어버린 꿈이었을까? 아니, 그건
고요한 기쁨의 반지였지, 내가
두 손 가득 받고, 다시 건네주고, 새로 받은.

내 삶은 이 땅과 맺은 사랑의 언약이었지,
그 아름다움으로 나를 깊이 행복에 젖게 했고,
그러면서도 항상 육중한 몸짓으로
나의 목표를 영원 저편으로 밀어낸 이 땅과 맺은.

내 삶은 물과 산바람과 들판과 맺은
결코 깨지지 않는 형제의 맹세였지,
푸른 하늘을 떠도는 모든 구름,
우리 고향의 노래를 품은 모든 구름과 맺은.

그 위대하고 영원한 힘들과 함께

나는 충실히 형제애를 지켜 왔으나,

오랜 세월 나의 죄라면

그것들이 내게 사람들보다 더 소중했으니.

1903년

가지마다 젊고 기쁜 충동으로

뜨거운 수액 끓어오르네.

햇살 가득한 푸른 하늘,

꿈을 꾸듯 흰 구름 행렬 지나가네.

앨범 한 장, 연내 미상

날이 눈부셨다. 낮에는 바람 한 점 없이 온화한 햇살이 비쳤고, 밤에는 서늘한 기운이 감돌았다. 다만 하늘에서는 푄의 기운이 느껴졌다. 푄이 부는 날이면 어김없이 나타나는 그 섬세하고 흩어진 자잘한 구름이 보였으니까. 공작의 날개처럼 넓게 펼쳐진 줄무늬 구름은 연푸른 하늘 위로 평행한 대오를 이루고 있었다.

「겨울 소풍」에서 발췌

신비로운 자연의 유희

비록 눈과 날씨를 망친다 해도 푄이야말로 산에서 가장 아름다운 현상이 아닐는지! 나는 많은 곳을 여행하며 아름답고 멋진 것을 많이 보았지만, 어제 본 빛과 구름은 정말 놀라웠습니다. 마치 세상 밖으로 처음 나와 자연의 장관을 마주한 느낌이었다고 할까! (…) 우리 아래쪽의 대기는 맑고 미동도 없었고, 햇빛만 황금색으로 봄의 숨결이 느껴졌습니다. 그러나 구름이 별로 없는 하늘에서는 기묘한 돌풍이 춤을 추며 자잘한 구름층을 멋대로 흩뜨려 머리카락처럼 가느다란 깃털 모양으로 찢어 놓았습니다. 이 구름들은 몇 분 만에 생겨났다가 다시 사라진 반면에 그 옆의 아름다운 백황색 뇌우 구름은 완전히 정지한 듯 떠 있었습니다. 우리는 이 진기한 유희를 한동안 놀라움 속에서 바라보았습니다. 그때 하늘은 뭔가 특별함을 더해 우리에게 장관을 연출해 주었습니다. 지금껏 이렇게 기발하면서도 성스럽고 멋진 불꽃놀이는 본 적이 없었습니다. (…) 그러다 갑자기, 정말 갑자기 그 야릇한 돌풍이 작고 단단한 거품 같은 구름 한 조각을 흩뜨리더니 섬세한 양털 실오라기처럼 풀어헤쳐 놓았습니다. 동시에 이 이상한 구름 형상은 태양 옆으로 가 사오 분 동안 무지갯빛으로 활활 불타올랐습니다. 완전히 풀어진 채 서늘한 초록빛이 감도는 오라처럼 빛나는 것이, 마치 태양을 향해 떠가는 거대한 비눗방울 같았죠. 심지어 때로는 강 수면에 떠 있는 기름 얼룩처럼 강렬하면서도 절묘한 조화를 이루고 있었습니다. 다만 이 색채의 유희가 떠가는 무대는 부드러운 색을 가득 품고 광활하게 반짝이는 여름 하늘이었습니다.

당신도 나처럼 자연에서 특별한 것을 보고 찾아다니기 좋아하고, 때로는 신비로운 자연의 유희에서 세간티니의 그림을 보거나 모차르트 교향곡을 들을 때와 같은 감동을 얻는 퍽 호사스러운 자연 애호가이지요. 당신도 그 자리에 있었다면, 그래서 그 구름의 색을 봤더라면 아마 매년 겨울 설피를 신고 산속으로 떠날 것입니다. 단 한 번만이라도 그 진귀한 기적을 다시 보겠다는 열망으로 말이지요.

「겨울 편지」에서 발췌

흰 구름

오, 보라, 마치 잊고 있던

아름다운 노래의 나직한 선율처럼

푸른 하늘에서 다시

둥둥 떠가는 구름을!

기나긴 여정에서

방랑자의 모든 슬픔과 기쁨을

헤아리지 못한 사람은

구름을 이해하지 못하리.

나는 해와 바다와 바람처럼

흰 구름을, 정처 없는 구름을 사랑하네,

구름은 고향 잃은 자들의

자매이자 천사이리니.

1902년

구름

내 머리 위로 구름이,
조용한 배들이 흘러가며
섬세하고 경이로운
색깔의 면사포로 내 마음을 울리네.

푸른 공기에서 생겨난 듯한
이 형형색색의 아름다운 세상이
문득문득 나를 신비로운
매혹으로 사로잡는구나.

모든 세속적인 것에서 벗어난
가볍고 환하고 맑은 거품들이여,
너희는 정녕 이 오염된 땅에서
아름다운 향수鄕愁의 꿈이런가?

1904년

안개

아침에 나는 조금 일찍 일어나 곧장 출발하기로 마음먹었다. 날은 찼고, 안개는 길이 거의 보이지 않을 정도로 짙었다. 나는 몸을 떨며 커피를 마셨고, 음식값과 숙박료를 계산한 뒤 어둑한 아침의 고요 속으로 성큼성큼 걸어 들어갔다.

나는 금세 몸이 따뜻해지는 것을 느끼며 도시와 정원을 뒤로하고 떠다니는 안개의 세계로 몸을 디밀었다. 안개가 인접한 사물은 물론이고 겉보기에는 하나로 연결된 사물들까지 모두 분리하고, 모든 형상을 감싸고 차단함으로써 불가피하게 고독하게 만드는 과정을 보고 있자면 늘 야릇한 감동이 밀려든다. 시골길에서 한 남자가 당신 곁을 지나쳐 간다. 소나 염소를 몰거나, 수레를 밀거나, 짐을 들고 있다. 개가 꼬리를 흔들며 남자를 뒤따른다. 당신은 다가오는 그를 보고 인사하고 남자가 화답한다. 그런데 그가 지나가고 당신이 뒤를 돌아보는 순간 그는 곧 흐릿해지고 잿빛 속으로 흔적

없이 사라진다. 집과 정원 울타리, 나무, 포도밭 산울타리도 다르지 않다. 당신은 이 일대를 눈에 선하게 알고 있다고 생각하지만, 저 담벼락이 도로에서 얼마나 멀고, 이 나무가 얼마나 크고, 저 집들이 얼마나 낮은지를 보며 묘하게 깜짝 놀란다. 이웃으로 붙어 있다고 생각한 오두막들도 이제는 한 집 문턱에서 다른 집을 볼 수 없을 정도로 멀찍이 떨어져 있다. 보이지는 않지만 가까이서 사람과 동물이 지나가고 일하고 외치는 소리가 들린다. 이 모든 것이 동화 같고, 낯설고, 이 세계가 아닌 듯 느껴진다. 순간적으로 당신은 그 속에서 무언가 상징적인 것을 선명하게 느끼며 소스라치게 놀란다. 어떻게 한 사물이 다른 사물에, 혹은 한 사람이 다른 사람에게, 그가 누가 됐든 상관없이, 본질적으로 그렇게 가차 없이 낯선 존재일까! 또한 우리의 길은 항상 몇 걸음과 몇 순간만 스쳐 지나가듯이 교차할 뿐인데, 어떻게 우리는 그렇게 서로 하나이고 이웃이고 친구라고 착각하며 살아갈 수 있을까!

문득 시구가 떠올랐고, 나는 걸어가면서 그것을 나직이 읊조렸다.

안개 속을 거닐면 참으로 이상해!
돌멩이 하나하나 덤불 하나하나 모두 외로워.
나무들은 서로를 보지 못하고,
모두가 혼자야.

내 삶이 아직 환할 때
세상은 친구들로 가득했지.
안개가 깔린 지금,
누구 하나 보이지 않아.

세상 만물과 자신을
어쩔 수 없이 조용히 떼어 놓는

그 어둠을 모르는 사람은

진정 현명하다고 할 수 없어.

안개 속을 거닐면 참으로 이상해!
삶은 외로움이야.
누구도 다른 이를 알지 못해,
모두가 혼자야.

「가을 도보 여행」에서 발췌

흐린 하늘

바위 사이로 작은 난쟁이 풀들이 피어나고 있다. 나는 누워 저녁 하늘을 바라본다. 작고 고요한 구름이 뒤엉켜 시나브로 하늘을 뒤덮고 있다. 저 위에는 분명 바람이 불고 있을 텐데, 여기서는 전혀 느낄 수 없다. 바람이 구름을 실처럼 자아낸다.

증발한 물이 일정한 리듬에 따라 다시 땅 위에 비로 내리듯이, 계절이나 밀물과 썰물에도 확고한 시간과 순서가 있듯이, 우리 내면에서도 모든 것이 법칙과 리듬에 따라 일어난다. 플리스 교수라는 사람이 삶의 과정에서 주기적으로 반복되는 현상을 설명하기 위해 특정한 숫자열을 산출해 낸 바 있다. 이는 카발라*처럼 들리지만, 카발라도 과학일 수 있다. 독일 교수들이 카발라를 비웃는다는 사실이 오히려 그것의 묘미를 보여 준다.

---

* 유대교의 신비주의 교파.

내 삶에서 내가 두려워하는 어두운 물결도 어느 정도 규칙적으로 찾아온다. 다만 그와 연결된 특정 날짜나 숫자는 알지 못한다. 연속적으로 일기를 써 본 적도 없다. 23이나 27 같은 숫자나 다른 숫자가 그와 관련이 있는지는 알지 못하고, 알고 싶지도 않다. 내가 아는 건 때때로 마음속에서 외부 원인 없이 어두운 파도가 인다는 사실뿐이다. 그러면 세상 위로 그늘이 구름 그림자처럼 드리워진다. 기쁨은 거짓 같고 음악은 공허하게 들린다. 우울함이 지배하고, 사느니 차라리 죽는 게 나아 보인다. 이 멜랑콜리는 주기를 정확히 알 수 없으나 이따금 발작처럼 찾아와 나의 하늘을 서서히 구름으로 뒤덮는다. 이는 마음속의 불안으로 시작되기도 하고, 두려운 예감이나 간밤의 꿈과 함께 시작되기도 한다. 평소에 내가 좋아하던 사람과 집, 색깔, 소리가 갑자기 수상쩍어지고 잘못된 것처럼 느껴진다. 음악은 두통을 일으킨다. 모든 편지는 불쾌감을 유발하고 독설이

숨겨져 있는 듯 느껴진다. 이런 순간에 남들과 어쩔 수 없이 대화해야 한다면 그건 곧 고통이고 불가피하게 갈등을 낳는다. 이런 순간에는 총기를 갖고 있지 않아야 한다. 총이 있으면 금방이라도 쏘고 싶은 유혹에 빠진다. 나의 분노와 슬픔, 비난은 대상을 가리지 않는다. 사람, 동물, 날씨, 신, 읽고 있는 책장, 입고 있는 옷의 천까지 모두 비난의 대상이다. 하지만 분노와 불만, 비난, 미움은 외부의 대상에만 향하지 않고 대상들에서 나 자신에게로 다시 돌아온다. 미움받아 마땅한 사람은 나이고, 세상에 불화와 역겨움을 안기는 사람도 나다.

오늘은 그런 하루를 끝내고 휴식을 취하고 있다. 이제 한동안 평온을 기대할 수 있다. 나는 세상이 얼마나 아름다운지 느낄 것이다. 이 시간이면 다른 어떤 누구보다 더 강렬하게 세상의 아름다움을 느낀다. 색은 더 달콤하게 비치고, 공기는 더 복되게 흐르고, 빛은 더 부드럽게 떠 있다. 나는 이게 삶을 견디기 어려웠던 날의 대가임을 안다. 우울함에 대한 좋은 치료법이 있다. 노래 부르기, 경건함, 와인 마시기, 연주하기, 시 쓰기, 산책이다. 나는 이런 것들로 산다. 마치 수행자가 성무일도서聖務日禱書에 따라 살듯이. 때때로 마음의 저울이 너무 한쪽으로 기울어 좋은 시간이 너무 드물고, 나쁜 시간을 상쇄할 만큼 충분치 않다고 느껴지기도 한다. 반면에 어떤 때는 내가 진전을 이루었고, 좋은 시간이 늘고 나쁜 시간이 줄어들었다는 생각이 든다. 그런데 아무리 나쁜 순간일지라도 내가 결코 바라지 않는 것이 있다. 좋음과 나쁨의 중간 상태, 즉 어중간하게 견딜 만한 상태다. 나는 차라리 심연의 끝을 원한다. 고통이 깊을수록 이후에 찾아올 행복의 순간은 더없이 찬란하다!

이제는 서서히 불만이 사라지고, 삶은 활기를 찾고, 하늘은 다시 아름다워지고, 산책하는 발걸음에 의미가 생긴다. 이런 귀환의 날이면 나는 회복되는 느낌을 받는다. 고통 없는 피로감, 거부감 없는 순응, 자기 경멸 없는 감사함. 삶이 다시 천천히 상승 곡선을 그리기 시작한다. 나는 노래를 흥얼거리고, 다시 꽃을 꺾고, 다시 산책 지팡이를 갖고 놀고, 다시 살아간다. 나는 또다시 이겨 냈다. 앞으로도 이겨 낼 것이다. 아마도 자주.

자기만의 세계에서 고요히 움직이고 많은 갈래로 나뉜 이 흐린 하늘이 내 마음의 반영인지, 아니면 내가 내 마음속 이미지를 단순히 이 하늘에서 읽고 있는 것뿐인지는 결코 말할 수 없다. 때로는 이 모든 것이 너무 불확실하다! 어떤 날은 지구상의 누구도 공기와 구름의 분위기를, 색조와 향기, 습도의 변화를 나처럼 예민한 시인과 방랑자의 감각으로 정밀하고 섬세하고 충실하게 관찰하지는 못할 거라고 확신한다. 그러다 오늘 같은 날이면, 내가 정말 이 모든 걸 실제로 보고 듣고 냄새 맡았는지, 아니면 내가 인지했다고 생각한 모든 것이 외부로 향한 내 마음속의 이미지에 불과한 것은 아닌지 의심이 든다.

『방랑』에서 발췌

가끔

가끔, 새가 울거나
바람이 나뭇가지를 스치거나
멀리 떨어진 농장에서 개가 짖으면
나는 묵묵히 오래도록 귀 기울인다.

내 영혼은 되돌아간다,
아득히 먼 옛날
새와 불어오는 바람이
나를 닮고 나와 형제였던 때로.

내 영혼은 나무가 되고
동물이 되고 떠도는 구름이 된다.
그러다 낯설게 변해 버린 모습으로 돌아와
묻는다. 나는 무어라고 답해야 할까?

1904년

그렇게 자주—

그렇게 자주 내가 나직한 슬픔 속에서
푸르른 들판을 가로질러 걷고,
저 높고 넓은 허공에서
환한 구름이 지나가는 것을 본다면,

어느 정원에서 아이들이
오래전부터 조용히 인사와
사랑스러운 웃음을 기다리는 곳에서
걸음을 멈춘다면,

내가 더는 타인의 명예와
타인의 빵을 부러워하지 않는다면,
그리고 내가 이렇게 만족스럽다면,
벌써 가을인가? 아니면 벌써 죽음인가?

1901년

길을 가다가

구름 위 산마루 높이
가벼운 공기 속을 걸으며 올라갔을 때
죽은 이들의 왕국이 내 앞에 펼쳐졌다.
천 겹 먼 조상의 구름 더미,
셀 수 없는 혼들의 반짝이는 섬광.
문득 기묘한 깨달음이 나를 사로잡았다,
내가 고립된 존재도 낯선 이도 아님을,
내 영혼과 내 눈길,
내 입과 귀, 내 걸음의 리듬이
새로운 것도 아니고 나의 것도 아님을,
심지어 내가 주인이라 여긴 내 의지조차.

나는 한 줄기 빛이자
무수한 세대의 계통수에서 잎사귀 하나다.
숲속에서 살다가 떠돈 초기 민족의 일부이고,
전쟁으로 미쳐 날뛰던 자들의 후예이고,

또한 고귀한 목재와 황금, 보석으로
집을 짓고 아름다운 도시들을
찬란하게 장식한 자들의 피를 이어받은 존재다.

그들에서부터 죽은 내 어머니의
조용한 눈길까지 모든 것이
내게는 피할 수 없는 필연적인 길이었고,
이제 똑같은 길이 다시금
나를 지나 끝없는 시간 속으로 이어진다.
내가 머나먼 조상이 되고,
그들의 삶이 내 삶을 품을 사람들에게로.

구름 위 산마루 높이
가벼운 공기 속을 걸었을 때 내 삶과
응시하는 내 눈, 박동하는 내 심장이
감사히 지녀야 할 소중한 영지임을 깨달았다,

내 것이 아니기에 사라지지 않을

가치와 아름다움을 지닌.

그리고 조용히 스쳐 지나갔다,

차가운 산바람이 내 이마를.

1907년경

'정신'은 우리를 궁지에 몰아넣을 때가 많아. 더구나 우리가 약간의 사랑과 인내만으로 자연에서 얻는 것만큼 가치 있을 때는 드물어. 고양이와 놀거나 불을 피우거나 화분에 물을 주거나 구름을 바라보는 것, 이 모두는 우리가 두드리기만 하면 솟구치는 샘물과 같아.

1923년 2월 14일 여동생 마룰라에게 보낸 편지에서 발췌

내일 세상이 멸망하든 말든 그건 우리가 걱정할 바 아니고 우리 책임도 아니네. 다만 우리는 세상이 선사하는 기쁨을, 설사 그게 하늘에 펼쳐진 마법 같은 구름에 불과하더라도 살아 있는 동안 충분히 누리고 찬미해야 할 것이네. 나는 내 시 나부랭이가 얼마나 시대에 뒤떨어지고 한심스러운지 충분히 듣고 있네. 망령 든 노인네의 낭만이자 고철 덩어리지.

1959년 8월 한스 마인케에게 보낸 편지에서 발췌

아름다움의 지속

　아름다운 것과 예술만큼 그 자체로 명랑하고 사람을 명랑하게 만드는 것은 없다. 우리가 아름다움과 예술에 푹 빠져 그것들을 통해 자기 자신은 물론 세상의 온갖 시름을 말끔히 잊는다면.

　굳이 바흐의 푸가나 조르조네의 그림일 필요는 없다. 흰 구름 사이로 보이는 푸른 하늘 한 조각이나 부채처럼 펼쳐진 유연한 갈매기 꽁지깃이면 충분하고, 아스팔트 위 기름 얼룩에 비친 무지갯빛이면 족하다. 아니, 그보다 더 사소한 것도 상관없다.

　우리가 그 황홀한 순간에서 벗어나 다시 나를 의식하고 삶의 불행을 인식하게 되면 명랑함은 슬픔으로 변하고, 세상은 찬란한 하늘 대신 시커먼 땅을 우리에게 보여 주고, 아름다운 것과 예술은 우리를 슬프게 한다. 그럼에도 그것은 여전히 아름답고 여전히 거룩하다. 푸가든 그림이든 갈매기 꽁지깃이든 기름 얼룩이든, 혹은 그보다 훨씬 사소한 것이든.

나와 세상을 잊은 그 황홀한 행복은 단 몇 순간에 그칠지라도 아름다움의 기적이 불러온, 슬픔을 머금은 그 마력은 몇 시간, 며칠, 혹은 평생 동안 지속될 수 있다.

1951년

봄

파란 하늘 조용히 어린 구름 지나고,
아이들은 노래하고 꽃들은 풀밭에서 웃네.
지친 내 눈은 어디로 향하든
책에서 읽은 것을 모두 잊으려 하네.

내가 읽은 모든 무거움은 진정
먼지처럼 날아가고 겨울의 망상일 뿐이었어라.
내 눈은 상쾌해지고 치유되어
새롭게 샘솟는 창조를 바라보네.

그러나 내 가슴에 새겨진,
모든 아름다운 것은 덧없다는 진실은
봄이 다시 찾아올 때마다 여전히 지워지지 않고,
어떤 바람에도 흩어지지 않네.

1907년

자연이라는 경이로운 글에 찬사를! 어린애 장난 같은 너희의 천진난만함은 형언할 수 없이 아름답고, 파괴하고 죽이는 천진난만한 행동에조차 형언할 수 없고 헤아리기 어려운 아름다움과 위대함이 담겨 있구나! 어느 화가의 붓도 여름 바람만큼 장난스럽고 사랑스럽고 다정다감하고 부드럽게 화폭을 채우지 못한다.

바람은 높이 일렁이는 풀밭과 귀리밭을 쓰다듬고 빗질하고 헝클어뜨리고, 또 어떤 때는 비둘기 깃털 같은 색깔의 자잘한 구름과 노닌다. 그뿐인가! 구름은 윤무를 추듯 떠다니고, 빛은 숨결처럼 가녀린 구름 가장자리를 수 초간 조그만 무지갯빛으로 불타오르게 한다.

이 모든 신호 속에서 우리는 구름의 마법과 그 부드러운 슬픔을 통해 모든 행복과 아름다움의 덧없음과 허망함을 느낀다. 이는 마야의 장막*이라, 실체 없는

---

* 인도 철학에서 실체는 없으면서 실제로 존재하는 것처럼 보이는 허상의 세계를 가리킨다. 우리 눈에 보이는 물질계와 현상계가 그러하다.

허상인 동시에 모든 존재의 확실한 징표이니!

「글쓰기와 글」에서 발췌

내 머리 위로 수천수만 년 이어져 온, 아득히 넓고 이글거리는 하늘이 파랗게 펼쳐져 있다. 구름은 태곳적의 신성한 윤무를 추듯 흘러가고, 고요한 산들은 담대하고 변함없이 서 있다. 그런데 어떻게 이 웅대한 풍경 옆에 그렇게 하찮은 인간사와 인간의 걱정이 나란히 존재할 수 있을까! 안 될 말이다. 그건 존재하지 않는다. 모든 하찮은 것들이 사라지듯 그건 이미 사라졌다. 그래서 전설이 되고 꿈이 되고 이해할 수 없는 과거가 되었다……. 이제 나는 더 이상 개별자가 아니다. 인격도 아니고, 불안스레 자기만의 울타리를 치고 세상과 구분 짓는 존재가 아니다. 나는 대지의 아이일 뿐이다. 나만의 생각도, 소망도, 근심도 없이 그저 공기와 물, 구름과 파도라는 더 크고 풍요로운 삶에 몸을 내맡긴 대지의 아이일 뿐.

「어슬렁거린 하루」에서 발췌

붉은 바다 위의 저녁

이글거리는 사막에서
독기 어린 바람이 비틀거리며 불어오고,
잔잔한 바다는 어둠 속에서 가만히 기다리네.
이 뜨거운 지옥에서 우리의 동반자는
조급하게 움직이는 백 마리 갈매기이니.
번개가 힘없이 지평선을 가르지만,
이 저주받은 땅에는 비 한 방울 적선하지 않네.

그러나 저 위 높은 곳에 환하고 쾌활한 모습으로
평화로운 구름 한 점 외로이 떠 있네.
신이 우리를 위해 저기 세워 두신 것이리라,
우리가 너무 오래 절망하지 않도록,
우리가 이 세상에서 너무 외로워하지 않도록.

나는 이 한량 없는 황량함을,
이 불타는 지옥을 결코 잊지 못하리,

지상의 가장 뜨거운 곳에서 마주한 이 지옥을.
그러나 저 위 높은 곳에 미소 지으며 떠 있는 구름이
내 삶의 한낮에 가까워졌다고 느껴지게 하는
이 짓누르는 무더위에 위안이 되어 주리.

1911년

실론*의 기억

비는 서서히 멎었고, 시원한 바람은 잠잠했으며, 이따금 몇 분 동안 해가 빠끔 고개를 내밀었다.

나는 앞산을 오르는 중이었다. 길은 물렁물렁한 늪지대를 막 지나 여러 아름다운 계곡으로 이어졌다. 여기선 알프스 장미가 우리 고향보다 더 풍성하게 자랐고, 단단한 나무는 사람 키의 세 배나 됐으며, 솜털이 수북한 은빛 꽃 한 송이는 에델바이스를 떠올리게 했다. 고향 숲에서 보던 익숙한 꽃들이 많았지만, 하나같이 유난히 크고 강렬한 알프스적 특징을 띠고 있었다. 그러나 이곳 나무들은 수목 한계선 따위는 아랑곳하지 않고 잎사귀를 풍성하게 매단 채 마지막 봉우리까지 힘차게 자라 있었다.

마지막 산등성이에 가까워졌다. 길은 다시 급격히 가

---

* 스리랑카의 옛 이름.

팔라졌다. 얼마 뒤 나는 숲에 둘러싸였다. 마법에 걸려 이상한 느낌으로 죽은 듯한 숲이었다. 뱀처럼 구불구불한 나무줄기와 가지들, 길고 두툼하고 희끄무레한 수염 이끼들이 보이지 않는 눈으로 나를 응시하고 있었다. 허공엔 나뭇잎과 안개가 만들어 낸 축축하고 씁쓸한 냄새가 무겁게 걸려 있었다.

이 모든 건 무척 아름다웠지만 사실 내가 은근히 기대한 모습은 아니었다. 지금껏 몇 차례 확인된 인도에 대한 실망감에 또 하나가 덧붙여지는 건 아닐까 슬그머니 걱정이 됐다. 마침내 숲이 끝났다. 나는 약간 가쁘고 더운 숨을 내쉬며 오시안*풍의 잿빛 고원 지대로 들어섰다. 내 앞에 작은 돌 피라미드를 쌓아 놓은 벌거

---

* 18세기 스코틀랜드의 시인 제임스 맥퍼슨이 쓴 일련의 서사시에 등장하는 가상의 화자. 오시안풍의 고원 지대라 함은 스코틀랜드나 아일랜드의 거친 자연 경관을 연상시키는 황량하면서도 장엄한 지대를 가리킨다.

벗은 봉우리가 보였다. 차갑고 거센 바람이 온몸으로 파고들었다. 나는 외투를 여미고 천천히 마지막 백 걸음을 떼었다.

내가 여기서 본 풍경은 어쩌면 전형적인 인도가 아니었을지 모르지만, 나의 실론 여행 전체에서 가장 강렬한 순백의 인상을 받았다. 바람이 막 광대한 누렐리아 계곡의 안개를 걷어 내자 웅장한 성벽처럼 첩첩이 쌓인 짙푸르고 거대한 실론의 고산 지대가 눈앞에 펼쳐졌다. 그 한가운데에 태곳적의 신성한 아담스 피크가 우뚝 솟아 있었다. 그 옆 까마득히 멀고 깊은 곳에 잔잔하고 푸른 바다가 보였고, 그 사이에 수천 개의 봉우리와 넓은 계곡, 좁은 협곡, 강, 폭포가 자리했다. 전설 속의 낙원이라 여겨지던 이 산악 섬은 셀 수 없이 많은 주름진 능선과 계곡으로 가득 차 있었다. 발아래 깊은 곳에서는 거대한 구름이 우르릉 쾅쾅 물소리에 맞춰 골짜기 위를 지나가고 있었고, 내 뒤에서는 짙푸른 협곡에서 안개구름이 소용돌이처럼 솟구쳤으며, 이 모든 것 위에는 차가운 산바람이 쌩쌩 불고 있었다. 먼 것이든 가까운 것이든 모두 푄의 아련한 색조를 머금은 촉촉한 대기 속에서 정화된 듯 보였다. 마치 이 땅이 실제로 낙원이라는 듯, 지금 막 이 푸르고 구름 낀 산에서 최초의 인간이 당당하고 위엄 있게 계곡 아래로 내려오기라도 하려는 듯.

이 장엄한 원시 풍경은 지금껏 인도에서 본 어떤 것보다 더 강하게 나에게 말을 걸었다. 야자수와 극락조, 논밭, 부유한 해안 도시의 화려한 사원들, 풍요로움의 입김을 뿜어내는 열대 저지대의 계곡, 그리고 원시림까지 모두 너무나 아름다운 마법 같았다. 그러나 이것들은 언제나 내게 낯설고 진기하게 느껴질 뿐 결코 내가 가까이 다가가거나 완전히 내 것이 될 수는 없었다. 나는 차가운 공기와 들끓는 구름이 있는 이 험준한 고산지대에서야 확실히 깨달았다. 우리 존재와 북방 문화의

뿌리는 우리보다 더 거칠고 가난한 이 땅들에 닿아 있음을. 우리는 남쪽과 동쪽에 대한 동경을 품고 이곳을 찾는다. 고향에 대한 희미한 예감과 감사의 마음에 이끌린 것이다. 여기서 우리는 낙원을 발견한다. 자연이 우리에게 준 풍요롭기 그지없는 선물이다. 또한 여기서 우리는 에덴동산을 떠올리게 할 만큼 순수하고 소박하고 어린애 같은 사람들을 만난다. 그러나 우리는 이들과 다르다. 여기서 우리는 이방인이고, 이곳에 묵을 권리도 없다. 이미 오래전에 낙원을 잃은 사람들이다. 우리가 갖고 싶어 하는 새로운 낙원은 적도 인근과 동방의 따뜻한 바다에서는 찾을 수 없다. 그건 우리 내면과 북국의 미래 속에 있다.

「피두루탈라갈라산」에서 발췌

알레그로

구름이 찢긴다. 이글거리는 하늘에서 햇빛이
눈부신 계곡 위로 길을 잃고 비틀거린다.
푄 폭풍에 휩쓸려
나는 지치지 않는 걸음으로
구름 낀 삶을 지나왔다.
오, 언제든 한순간이라도 좋으니
폭풍이 자비를 베풀어 영원한 빛과
나 사이의 잿빛 안개를 몰아내 주었으면!
낯선 땅이 나를 에워싸고,
운명의 격랑이 고향에서
나를 떼어 내 멀리 떠돌게 한다.
구름을 몰아내 다오, 푄이여,
장막을 걷어 다오, 푄이여,
수상쩍은 내 길 위에 빛이 내리도록!

1912년

불을 들여다보고 구름을 쳐다보게. 예감이 밀려오고 마음 깊은 곳에서 목소리들이 들려오기 시작하면 그것들에 자신을 맡기게. 그게 학교 선생님이나 아버지, 어떤 사랑하는 신의 뜻에 맞는지, 혹은 그들의 마음에 들지는 따지지 말고. 그런 것들로 고민하면 자신을 망치게 돼. 그러다 보면 결국 보통 사람처럼 인도人道를 걷고 화석이 되고 말지.

『데미안』에서 발췌

날씨의 층이 있었다. 공기와 온기의 긴장이 있었다. 구름과 바람이 있었다. 물과 흙, 먼지의 다양한 냄새가 있었다. 위협과 약속이 있었고, 날씨 정령들의 기분과 변덕이 있었다. (요제프) 크네히트는 그런 것들을 피부와 머리카락, 온몸의 감각으로 예감하고 함께 느꼈다. 그렇기에 어떤 것에도 놀라는 법이 없었고 어떤 것에도 실망하지 않았다. 그는 날씨와 공명하면서 내면에 집중했고, 날씨를 자기 안에 품음으로써 구름과 바람을 지배할 수 있었다. 그러나 이는 독단과 자의가 아닌, 그와 세계 사이의 경계를 허물어뜨리고 내면과 외면의 차이를 없애는 깊은 연대감과 유대감에서 비롯된 지배였다. 그는 황홀한 표정으로 일어나 귀를 기울였고, 황홀한 표정으로 웅크리고 앉아 몸의 모공을 모두 열어놓고 공기와 구름의 생명력을 함께 느꼈을 뿐 아니라 그를 넘어 지휘하고 창조하기까지 했다. 마치 우리 스스로 익숙한 음악 한 소절을 우리 안에서 일깨워 재현

해 내듯이. 이제 그가 숨을 한 번 멈추기만 하면 바람과 천둥이 가라앉았고, 고개를 끄덕이거나 젓기만 해도 우박이 쏟아지거나 그쳤으며, 자기 안에서 싸우는 힘들의 균형에 미소를 짓기만 하면 구름층이 겹겹이 갈라지면서 옅고 파란 하늘이 나타났다. 또한 유난히 마음이 고요하고 평화롭게 가라앉을 때면 다가올 날들의 날씨를 자기 안에 품으며 한 치 흔들림 없이 정확히 예측해 냈다. 마치 그의 핏속에 악보 전체가 아로새겨져 있고, 바깥세상의 날씨는 이 악보에 따라 연주될 수밖에 없다는 듯이. 그런 날이 그에겐 가장 좋은 날들이었고, 큰 보상이자 뜨거운 기쁨이었다. (…)

그는 일어나 창가로 가더니 위쪽으로 시선을 돌렸다. 바람에 휘날리는 구름 사이로 시리도록 맑은 밤하늘의 띠들이 곳곳에 보였다. 하늘에 별이 총총했다. 그가 쉽게 돌아올 낌새를 보이지 않자 손님도 창가로 가 그 옆에 섰다. 명인名人은 가만히 서서 위를 바라보며……

가을밤의 서늘한 공기를 음미하듯 들이마시고 있었다. 그가 하늘을 가리켰다.

"저길 보게……. 하늘에 띠 모양으로 펼쳐진 저 구름 풍경을! 처음 볼 때는 가장 어두운 저곳이 깊다고 생각하기 쉽지. 하지만 곧 깨닫게 된다네. 저기 저 어둡고 부드러운 건 단지 구름일 뿐이고, 우주의 심연은 저 구름 산맥 가장자리와 피오르에서 시작해 무한히 깊어진다는 걸. 그 속에 별들이 있네. 장엄하게 빛나면서 우리 인간에게 명징함과 질서를 보여 주는 궁극의 상징이지. 세계의 깊이와 비밀은 구름과 저 어둠 속에 있는 게 아니라 바로 저 맑고 청명한 것 속에 있네. (…) 그러니 잠들기 전에 별이 가득한 해협과 만을 잠시 바라보고, 그 순간 떠오르는 생각이나 꿈을 쉽게 내치지 말게."

『유리알 유희』에서 발췌

비 오는 날들

소심한 눈길이 온 사방에서
잿빛 벽에 부딪힌다.
이제 태양은 공허한 말에 지나지 않는다.
물에 젖은 나무는 벌거벗은 채 가만히 서 있고,
여인네들은 외투로 몸을 감싸고,
비는 한없이 계속 쏟아진다.

언젠가 내가 소년이었을 때,
하늘은 언제나 푸르고 맑았으며
구름마다 가장자리는 황금빛으로 물들었다.
그러나 이제 나이 들어 보니
모든 광채는 사라지고,
비는 쏟아지고, 세상은 변해 버렸다.

1913년

어느 야간 행군 중에

폭풍과 비스듬한 빗줄기,
드넓은 검은 들판,
구름 그림자 장엄히
우리를 호위한다.

갑자기 어두운 구름 장막 사이
환한 갱도로
달빛 가득한 밤이
가만히 밀집 대형을 내려다본다.

하늘 섬들이 순수하게 푸르러지고,
엄숙한 별들이 인사하고,
달빛에 물든 구름 가장자리가
은빛 강물 속에 일렁인다.

영혼이여, 영혼이여, 준비하라!

머나먼 형제들이
시간의 어둠 속에서
너를 황금빛 계단으로 부른다.

영혼이여, 그 신호를 받아들이고,
광활함 속에 너를 씻어라!
신께서 너의 어두운 길을
빛으로 인도하시리라.

1915년

구름에 관한 한 편의 시

 약간 후덥지근했다. 저 멀리 설산 위에서는 묵직한 구름 산맥이 조용히 층을 이루고 있었고, 하늘 꼭짓점에는 옅고 투명한 푸른빛 사이로 무게감이 전혀 느껴지지 않는 깃털 구름이 변덕스럽게 무리를 지으며 떠 있었다. 때로는 가만히 머물다가 때로는 밑에선 느껴지지 않는 바람을 타고 동쪽으로 부드럽게 계속 흘러갔다.
 나는 마음에 드는 자리를 찾았다. 망중한忙中閑을 즐기는 다른 사람들에게서 그리 멀지 않은 자리였다. 이들은 숲 가장자리의 그늘과 양지에 번갈아 가며 누워 잠을 청하거나 책을 읽거나 수다를 떨면서 한가한 오후를 보냈다. 그중 많은 이들이 반쯤 벗거나 아예 알몸이었다. 잇따라 층을 이룬 계단 형태의 가파른 비탈과 돌출한 무대 배경 같은 숲 가장자리 지형 덕분에 이곳은 공간이 좁았음에도 제법 많은 사람이 서로 방해되지 않는 거리를 유지하며 서로의 존재를 의식하지 않은 채 조용히 쉴 수 있었다. 나 역시 작은 바위 몇 개

사이의 우묵한 곳에 자리를 잡고 풀과 에리카 위에 눕거나 앉았다. 이제 나만의 숲 그늘과 풀 비탈이 생겼다. 아래로는 작은 오두막 몇 채와 안개 자욱한 라우터브룬넨 계곡, 위로는 어마어마한 허공과 만년설로 뒤덮인 장대한 봉우리까지 모두 나 혼자만의 것이었다.

나는 잠시 쉬면서 몸을 식힌 후 여행길마다 갖고 다니는 작은 가방을 느긋하게 열었다. (…) 주머니에서 만년필을 꺼내 들고 자그마한 노트를 펼쳐 그림을 그리기 시작했다. (…)

그림에 집중하느라 눈이 따가워 잠시 쉬려고 다시 몸을 쭉 뻗고 누웠을 때 왁자지껄 떠드는 아이들의 목소리가 들렸다. 내 밑에 한 무리의 소년들이 보였다. 아마 한 학년 또는 한 학급이 소풍을 온 듯했다. 모두 배낭을 메고 있었고 베른 사투리를 썼다. 어림잡아 열네 살에서 열여섯 살 정도 돼 보였다. 아이들은 더위로 얼굴이 발그레 달아올랐고, 머리는 헝클어져 있었다. 서

두르는 기색은 없었다. 꽁무니 쪽의 몇몇이 내 바로 위쪽 계단에 멈춰 서서 색색의 손수건으로 이마의 땀을 훔쳤다. 일부는 짧은 풀밭에 잠시 주저앉기도 했다. 숨을 돌리며 광활한 풍경을 바라보던 아이들이 돌연 조용해졌다. 잠시 후 그중 한 명이 기억을 더듬어 시를 읊조리기 시작했다. 다음 대목을 찾아 약간 뜸을 들이기도 했지만, 결국엔 시 한 편을 끝까지 읊었다. 짧은 시였다. 나는 두 구절을 단순히 흥얼거리는 노래로만 듣지 않고 단어 하나하나를 모두 알아들었다. 내 시였다. 구름을 주제로 한 시였는데, 정작 시를 지은 나조차 더는 기억하지 못하는 시였다. 소년은 노래하듯이, 조금은 장중하게 시를 읊었다. 근 오십 년 전에 내가 쓴 시를. 친구들은 조용히 귀를 기울였다. 낭송이 끝나자 적막이 흘렀다. 얼굴을 보려고 내가 몸을 돌렸을 때 아이들은 이미 산으로 올라가고 없었다. 이렇듯, 내가 근 반세기 전에 쓴 시가 얼굴도 알지 못하는 소년의 입을 통해 나에게로 다시 돌아왔다.

「알프스에서의 체험」에서 발췌

4월의 편지 중에서

 세상이 싱그러운 초록빛으로 물들고, 부활절 일요일에 우리 숲에서 첫 뻐꾸기 울음소리가 들린 뒤였다. 축축하고 변덕스러운 날씨에 바람이 몰아치는 뇌우의 날들이 연일 이어졌다. 벌써 봄에서 여름으로 도약할 준비를 하는 시기였다. 그러던 어느 날 산사나무 산울타리와 너도밤나무 옆에서 커다란 비밀이 내게 말을 걸어 왔다. 하나의 비유 같은 시각적인 체험이었다. 짙은 구름이 하늘을 덮고 있었지만, 가끔 강렬한 햇살이 골짜기의 신록 속으로 내리쬐었다. 그런 하늘에서 장대한 구름 장관이 펼쳐졌다. 바람은 사방에서 동시에 몰아치는 듯했으나 남북 방향의 바람이 주를 이루었다. 대기는 불안과 열정의 팽팽한 긴장감으로 가득 차 있었다. 이런 장관의 한가운데에서 갑자기 나무 한 그루가 내 시선을 확 잡아끌었다. 이웃집 정원에서 막 잎을 틔운 미루나무였다. 아직 어리지만 아름다웠다. 나무는 마치 로켓처럼 하늘로 치솟아 있었다. 바람이 불면 탄력적으로 움직였고, 우듬지는 뾰족했으며, 잠깐 바람이 멈출 때면 측백나무처럼 뻣뻣하게 몸을 모으고 있다가 바람이 거세지면 다시 수백 개의 가느다란 가지들로 몸짓하듯 움직였다. 이 웅장한 나무의 우듬지는 가벼운 속삭임을 품은 반짝거리는 잎사귀들과 함께 흔들리다가 자신의 힘과 푸른 젊음을 기뻐하며 다시 우뚝 섰다. 때로는 저울추처럼 가볍게 흔들리며 나직이 말을 거는 듯했고, 때로는 장난스럽게 몸을 숙였다가 다시 고집스럽게 튕겨 올라왔다. (한참이 지나서야 나는 수십 년 전 언젠가 비슷한 광경을 본 적이 있음을 떠올렸다. 그때 나는 온몸의 감각을 열고 복숭아나무 가지에서 그런 놀이를 관찰한 뒤 「꽃가지」라는 시에 담아냈다.)

꽃가지

쉼 없이 이리저리
꽃가지가 바람결에 나달거린다.
쉼 없이 아래위로
내 마음이 아이처럼 사부작거린다.
환한 날과 흐린 날 사이에서,
욕망과 고행 사이에서.

꽃잎이 바람에 흩어지고,
가지에 열매가 달릴 때까지,
아이 상태에 지친 내 마음이
차분히 가라앉으면서
삶의 소란스러운 놀이도 무척 즐거웠고
헛되지 않았다고 고백할 때까지.

Der Blütenzweig

Immer hin und wider
strebt der Blütenzweig im Winde,
immer auf und nieder
strebt mein Herz gleich einem Kinde
zwischen hellen, dunklen Tagen,
zwischen Wollen und Entsagen.

Bis die Blüten sind verweht
und der Zweig in Früchten steht,
bis das Herz, der Kindheit satt,
seine Ruhe hat
und bekennt: voll Lust und nicht vergebens
war das unruhvolle Spiel des Lebens.

H. Hesse

고독

나는 비와 바람 소리에 즐겨 귀 기울이고
따뜻한 어둠이 깔린 숲속을 자주 헤매 다닌다.
하늘을 떠도는 구름에 묻노니,
너희의 희망은 무엇이고, 너희의 목적지는 어디인가.

가끔 낯선 집의 창문을 들여다보는 게
방랑자로서 나의 위안거리다.
낯선 이의 삶, 기쁨과 고통을
조용히 바라보다 마음에 담아 간다.

그러다 밤이 되어 저 하늘 높은 별이
무자비하고 차갑게 내 잠자리를 내려다보면
나는 추위에 떨며 숙소에 들어 섬뜩한 깨달음과 마주한다,
그새 내 마음조차 낯선 것이 되어 버렸음을.

1911~12년경

저녁 구름

내 거실 겸 서재 동쪽 벽에는 좁은 발코니 문이 하나 있다. 5월부터 9월 깊은 날까지 밤낮없이 열려 있는데, 문 앞에는 폭 한 걸음, 높이 반걸음밖에 안 되는 작은 석조 발코니가 있다. 이 발코니는 나의 가장 소중한 자산이다. 몇 년 전 이곳에 정착하기로 결심한 것도, 여행에서 항상 감사하는 마음으로 테신의 집으로 돌아오는 것도 이 발코니 때문이다. 언제나 아름답게 살고, 창 너머 넓고 빼어난 풍광을 즐기는 것은 나의 자랑거리이자 그 자체로 예술이다. 이전의 어느 집도 여기만큼 전망이 아름답지 않았다. 비록 벽에서 석회가 부스러지고 벽지가 너덜너덜하고 생활에 불편한 점이 많더라도 나는 전망 때문에 계속 이 집에 머문다.

발코니 앞에는 남국풍의 나무 정원이 가파르게 산 아래로 펼쳐져 있다. 부채 모양의 두툼한 관을 가진 야자나무부터 동백나무, 철쭉, 미모사, 박태기나무, 그 사이사이 등나무로 휘감긴 우뚝 솟은 주목 몇 그루, 공중에 떠 있는 듯한 길쭉한 장미 테라스까지. 이 졸린 듯한 오래된 정원은 나와 세상 사이의 경계다. 시냇물이 흐르는 조용한 골짜기도 그 경계에 속하는데, 거기엔 내가 우듬지를 내려다볼 수 있는 밤나무 숲이 있다. 이 숲의 꽃부리는 밤낮으로 바람에 스치고, 밤이면 애절한 올빼미 울음이 숲에서 건너 온다. 정원과 골짜기는 나를 세상으로부터, 집들과 사람들로부터, 소음과 먼지로부터 지켜 준다. 지금껏 세상에서 완전히 도망친 적도 없고 도망치고 싶은 마음도 없었지만 나는 이렇듯 매일 어느 정도 보호를 받으며 살아간다. 우리 마을까지 길이 나 있고, 이 길을 따라 어쨌든 매일 시골 버스가 올라와, 받지 않아도 되는 많은 편지와 오지 않아도 되는 손님을 여기 내려놓고 간다. 물론 그중에는 가끔 반가운 손님도 있지만.

대문을 닫아거는 시간이면 나는 세상과 완전히 단절된다. 오후일 때도 있지만, 대개 저녁 시간이 그렇다.

대문은 단단히 닫히고, 대문 앞에 종도 없다. 나는 난쟁이 발코니에 앉아 발아래 펼쳐진 정원 테라스들을 내려다본다. 누구에게도 방해받지 않는 시간이다. 나는 정원과 골짜기 너머 살바토레산과 그 뒤의 제네로소산을 바라본다. 포를레차의 반짝거리는 호수 지류가 보이고, 코모호수 건너편의 높은 산들도 보인다. 이 산들의 협곡에는 초여름까지도 눈이 녹지 않는다.

때때로 저녁 무렵, 나는 그렇게 앉아 저 위 나와 같은 눈높이에서 떠가는 저녁 구름을 바라볼 때면 행복에 가까운 감정에 젖는다. 저 아래 세상을 내려다보며 생각한다. '네가 나를 어떻게 대하든 난 상관없어. 나는 이 세상에서 행운을 누리지 못했어. 원래 세상과 잘 맞지 않는 사람이었지. 세상은 그런 반골적인 나에게 수없이 회초리를 들었지만 그래도 나를 죽이지는 못했어. 나는 여전히 살아 있고, 세상에 저항하며 버텨 왔어. 비록 잘나가는 공장주나 권투 선수, 영화배우처럼 성공하지는 못했지만, 열두 살 소년 시절부터 마음속에 품어 왔던 그 인간, 즉 시인이 되었어. 그 과정에서 무엇보다 분명히 깨달은 게 있어. 세상에 아무것도 기대하지 않으면서 그저 자기 눈으로 조용히 주의 깊게 관찰하기만 하더라도 세상은 우리에게 많은 것을 제공한다는 사실이지. 세상이 총애하는 성공한 사람들은 전혀 알지 못하는 것들을. 세상을 구경할 줄 아는 기술은 훌륭한 예술이야. 그것도 정교하고 치유적이면서 종종 무척 즐겁기까지 한 예술이지!'

나는 이 예술을 저녁 구름에서 배웠다. 나만의 저녁 시간이 찾아와 발코니에 앉아 있을 때면 언제나 구름이 함께한다. 내 보금자리는 높은 곳에 자리 잡고 있어서 구름 한가운데에 있는 느낌이 들기 때문이다. 비가 내리거나 이 지방 특유의 거칠고 격정적인 폭풍이 몰아칠 때면 구름은 내 방까지 들어오고, 희끄무레하게 조각조각 발코니 난간에 걸치고, 내 신발 주위까지 슬금슬금 다가오고, 그러다 바깥에서 다시 몸을 틀며 공중을 오르내린다. 어떤 때는 젖어 가는 초록빛 골짜기로 스며든다. 번개가 칠 때마다 화들짝 놀라듯이 불을 밝히는 골짜기 속으로. 또 어떤 때는 얼음장처럼 차가운 검은 호수 위를 떠돌다, 힘껏 흡입하는 창백한 하늘 위로 휘감겨 올라간다. 하지만 날씨가 좋아 호수가 푸른빛으로 반짝이고 보랏빛 저녁 그림자가 호수에 드리울 때면, 또 먼 마을의 창문이 황금빛으로 물들고 서산 가장자리가 반투명한 장밋빛 보석처럼 불타오를 때면, 색을 머금은 구름도 한껏 들떠 어린아이 장난처럼 아무 목적 없는 놀이를 몇 시간씩 공중에서 펼친다.

나는 젊은 시절 한때 구름을 경건하면서도 다소 엄숙한 태도로 대했다. 하지만 나이가 든 지금은 더 이상 그렇게 진지하게 대하지 않는다. 물론 그렇다고 사랑이 식은 것은 아니다. 구름은 아이 같다. 아이는 부모에게만 심각할 뿐 나머지 사람에게는 그렇지 않다. 조부모,

즉 스스로 다시 아이가 되어 가는 노인들은 아이들을 심각하게 여기지 않는다. 마치 자기 자신을 심각하게 받아들이지 않듯이. 격한 감정을 불러일으키는 파토스는 아름답고, 대체로 청춘에게 어울린다. 반면에 나이 든 사람에게는 유머가 더 맞다. 미소 짓고, 심각하게 여기지 않고, 세상을 한 폭의 그림으로 바꾸고, 세상 만물을 마치 저녁 하늘을 잠시 수놓는 구름 놀이처럼 바라보는 태도가 더 잘 어울린다.

그런데 애초에 내가 펜을 든 본래의 이유를 잊지 않기 위해 말하자면 어제저녁, 그러니까 비 갠 후 맞이한 아름답고 맑고 촉촉한 첫날의 구름은 제정신이 아닌 듯 유별났다. 조금 전까지만 해도 구름은 긴 띠처럼 하늘에 늘어서 있거나 혹의 형태로 축 늘어지거나, 아니면 상쾌한 바람에 천천히 말려 올라가 새끼줄처럼 꼬이더니 마지막엔 모두 함께 고요히 돌아가는 긴 원통 형태로 바뀌었다. 방금까지만 해도 그랬다. 아직 맑은 저녁의 선명하고 서늘한 녹청색에 정복되지 않은 하늘 전체가 긴 띠와 부풀어 오른 덩어리의 정연한 체계이자, 천천히 몸을 비틀면서 차츰 몸집과 밀도를 키워 가는 거대한 뱀들의 체계였다. 그런데 갑자기 내가 잠시 한눈을 판 사이 온 하늘 높이 떠 있던 구름은 사라졌고, 하늘은 서늘한 투명함으로 반짝거렸으며, 남은 구름은 모두 지평선으로 밀려나 작고 하찮은 존재로 변해 버렸다. 위쪽은 희거나 황금빛이었고, 아래쪽은 푸른빛이었다. 길쭉하게 늘어진 모든 형상은 비행선이나 고래처럼 견고하고 단단하게 응축된 형태를 띠었다. 바로 그 순간, 마지막 남은 분홍빛과 황금빛이 보석처럼 빛나는 산봉우리에서 사라졌고 온 대지는 빛을 잃었다. 다만 하늘에서만 하루의 마지막 빛이 잠시 어른거렸다. 구름 배들은 매서운 바람이 부는데도 겉으론 아무 움직임 없이 쭈뼛거리며 산등성이에 모여 있는 듯했다. 이렇게 바람을 정면으로 맞이한 구름에는 식어 가는 색조로 약간의 붉은빛과 구릿빛이 섞여 있었다. 그건 한순간도 눈을 떼지 않고 지켜보아야만 알아볼 수 있었다. 왜냐하면 구름은 별 움직임 없이 단단하고 둔해 보였지만 내부에서는 끊임없이 형태가 바뀌고 있었기 때문이다. 구름은 순진한 듯 교묘한 연출로 저녁 놀이를 즐기고 있었다. 마치 학교 담장 옆에 서서 모자를 벗고 선생님에게 공손히 인사하다가도 선생님이 몸을 돌리자마자 울타리 뒤에서 깔깔거리며 웃는 아이들처럼.

그사이 길게 늘어서 있던 한 구름이 다른 구름들 위로 솟구치더니 초록빛 하늘에 홀로 분홍빛으로 떠 있었다(겉으로 보기엔 주조한 금속처럼 움직임이 없었다). 그러다 갑자기 환한 주홍빛으로 활활 불타올랐고, 동시에 황홀한 물고기 형태를 띠었다. 빛을 내는 거대한 황금 잉어 한 마리가 작고 푸르스름한 배지느러미를 달고 미소 지으며 기꺼이 죽음 속으로 헤엄쳐 갔다. 빛이 이제 완전히 사그라들 참이었기 때문이다. 나의 황금 잉어에게 남은 시간은 채 일 분이 되지 않았다. 이미 꼬리부터 점점 짙은 갈색으로 변해 갔고, 배 부분은 점점 푸른빛을 띠었다. 맨 위쪽 등줄기만 환한 주홍빛과 황금빛으로 타올랐다. 그러다 잉어는 갑자기 번개처럼 꼬리를 움츠리고 머리를 부풀려 완전히 둥근 형태가 되었다. 마침내 빛이 꺼지고 마지막 황금색까지 사라졌을 때 잉어는 구슬처럼 몸을 동그랗게 말았고, 마치 자기 영혼을 내뿜듯 두 가닥의 잿빛 구름 실오라기를 뿜어내고 또 뿜어내더니 점점 얇은 베일로 흩어져 완전히 사라져 버렸다.

이토록 기발한 자살은 본 적이 없었다. 저 실한 잉어가 하늘에서 해파리처럼 몸을 움츠리더니 자신의 영혼을, 자신의 실체를 자발적으로 입을 통해, 목구멍을 통해, 구멍을 통해 뿜어내고는 스스로 무의 세계로 들어가는 모습이라니!

언젠가 저 아래 세상에 살면서 세상과 나 자신을 심

각하게 받아들였을 당시 나는 정말 많은 일을 보고 겪었다. 그중에는 이해하기 어렵고 견디기 어려운 일도 많았다. 세계대전이 그중 하나다. 그러나 이토록 놀랍고 이토록 어린애 장난 같은 놀이는 어떤 사람, 어떤 국가, 어떤 의회에서도 보지 못했다. 내가 세상을 심각하게 여기던 시절, 바깥세상에서 본 것이 적지 않았음에도.

황금빛 잉어는 떠났고, 오늘의 내 기쁨도 끝났다. 집 안에는 멋진 책 한 권이 나를 기다리고 있었지만, 차라리 한 시간 더 나의 황금빛 잉어와 함께 노닐고 싶은 마음이 굴뚝같았다.

1926년

언어

태양은 우리에게 빛으로 말하고,

꽃은 향기와 색으로 말하고,

공기는 구름과 눈, 그리고 비로 말한다.

세상의 성전에는

그칠 줄 모르는 갈망이 살아 있다.

사물의 침묵을 깨뜨리고,

말과 몸짓, 색과 소리로

존재의 비밀을 드러내려는 갈망이.

여기 예술의 맑은 샘이 흐르고,

세계는 단어와 계시, 정신을 찾아 몸부림치고,

인간의 입술을 통해

영원한 경험을 환하게 선포한다.

모든 생명은 언어를 갈망하고,

우리의 어렴풋한 갈망은

말과 숫자, 색과 선, 소리로 불려 나와

점점 더 높아지는 감각의 왕좌를 세운다.

꽃의 붉음과 푸름 속에서,
시인의 말 속에서
창조의 질서는 내면으로 향한다,
늘 새롭게 시작되지만 끝나지 않는 질서가.
말과 소리가 어우러지고,
노래가 울려 퍼지고, 예술이 피어날 때마다
세상의 의미는,
세상 온 존재의 의미는 새롭게 형성된다.
모든 노래와 모든 책,
모든 그림이 하나의 계시이자,
삶의 하나 됨을 이루려는
천 번째 새로운 시도다.
시와 음악이 너희를
이 하나 됨 속으로 들어오라 유혹하고,
창조의 다채로움을 이해하는 데는

단 한 번 거울을 들여다보는 것으로 충분하다.
혼란스럽게 다가오던 것들이
시 속에서 분명하고 단순해진다.
꽃은 웃고, 구름은 비를 뿌리고,
세상은 의미를 갖고, 묵묵한 것들은 말을 한다.

1928년

바흐의 토카타*에 부쳐

　태초의 침묵이 응시하고…… 어둠이 지배하고……
　그때 문득 구름 틈새에서 한 줄기 빛이 쏟아져 나와
　눈먼 무無에서 세계의 깊이를 끌어내고,
　공간을 세우고, 빛으로 어둠을 헤집고,
　산등성이와 봉우리, 비탈과 갱도를 어렴풋이 예감케 하고,
　대기를 아스라이 푸르게 물들이고, 대지를 단단하게 한다.

　그것은 창조의 힘으로 행위와 전쟁으로 나누고,
　빛줄기는 아직 태어나지 않은 싹을 둘로 가르고,
　놀란 세계는 번쩍이며 불타오른다.
　빛의 씨앗이 떨어지는 곳마다 세상은 변하고,

---

* 건반 악기의 화려하고 기교적인 연주를 위해 만든 전주곡.

질서가 세워지고, 장엄한 것이 울려 퍼진다.
삶에는 찬양을, 창조주에게는 빛의 승리를!

그것은 더 멀리 울려 퍼지고 신을 향해 돌아간다,
모든 피조물의 소용돌이를 뚫고.
아버지 정신을 향한 거대한 충동이다.
그것은 기쁨이 되고, 고통이 되고, 언어와 그림, 노래가 되고,
세계를 포개 쌓아 돔의 둥근 아치를 세운다.
그것은 충동이고 정신이고 투쟁이고 행복이고 사랑이라.

1935년

중국풍

오팔빛 구름 틈에서 새어 나온 달빛,
뾰족한 대나무 그림자 꼼꼼히 헤아리고,
물 위에 높은 아치형 다리를
거울처럼 둥글고 맑게 그려 내네.

우리가 애틋하게 사랑하는 모습들,
빛 없는 밤과 세계의 어두운 바탕 위에
마법처럼 떠다니며 마법처럼 새겨지다가
다음 순간이면 벌써 사라지네.

뽕나무 아래 취한 시인,
술잔만큼 붓 다루는 솜씨가 명인이라,
자신을 황홀하게 사로잡는 이 달밤을
흩날리는 그림자와 부드러운 빛으로 써 내려가네.

그의 빠른 붓놀림,

달과 구름, 그리고 술 취한 시인 앞을 지나가는

모든 것을 휘갈기듯 써 내려가네,

덧없는 것들을 노래하도록,

한없이 여린 것들을 경험하도록,

그것들에 정신과 영속성을 부여하도록.

그러면 그것들은 영원히 사라지지 않으리.

1937년

요 며칠 하늘에서 끊임없이 구름의 장관이 펼쳐졌다. 때때로 우리는 구름에 휘감겨 아무것도 볼 수 없었고, 가끔은 12월의 한겨울처럼 사위가 어두워지기도 했다. 하지만 이런 어둠도 한 시간 넘게 지속되는 경우는 드물었다. 그러다 어디선가 어떤 기류가 짙은 안개 속에 구멍을 내고 흩어지는 구름을 조각조각 위로 내몰면서 하나의 문이, 하나의 창문이, 하나의 전망이 열렸다. 눈앞에 갑자기 이 땅의 것이라 믿기지 않는 경이로운 장면이 나타났다. 알트도르퍼와 그뤼네발트 이후로는 좀처럼 그려진 적이 없는, 낙원 같으면서도 종말론적인 풍경이었다.

거대하게 치솟은 시커먼 지옥문 너머로 저 멀리 황록색으로 빛나는 풍경이 펼쳐지거나, 아니면 그 반대로 풀과 돌에 물방울이 반짝반짝 맺히고 잠시 따뜻하고 찬란한 빛을 머금은 인근의 풍경이 저 멀리 뭉실뭉실 피어오른 검푸른 구름과 강렬한 대조를 이루었다. 이 구름들 사이에서는 가끔 천둥소리가 울리고 섬광이 번쩍였다.

『리기산의 일기』에서 발췌

나는 늙어 가고 생명이 시들어 가는 과정의 계단을 하나씩 내려가는 것이 몹시 힘들고 고통스럽습니다. 하지만 여전히 독서나 음악, 자연 속에서 소소한 기쁨을 누립니다. 예를 들어 2월 11일 일요일, 이틀간 남쪽 폭풍이 몰아친 후 겨울빛으로 물든 우리의 산악 풍경에 오랫동안 천둥번개를 동반한 폭풍우가 몰아쳤는데, 완벽한 조명 효과를 갖춘 빛의 향연이자 잘 완비된 타악기 연주로 가득한 음악회였습니다.

1951년 2월 이름가르트 샤비키에게 보낸 전언에서 발췌

푄이 부는 밤

불어오는 푄 바람에 무화과나무 흔들리고,
뒤틀린 가지 뱀처럼 꿈틀거리네.
헐벗은 산맥 위로 둥근 달 외로운 축제처럼 떠오르고
그림자로 공간에 생명을 불어넣고,
빛을 받으며 미끄러지듯 흘러가는 구름 배들 사이에서
꿈을 꾸듯 스스로에게 속삭이고,
호수 골짜기의 밤을 조용히 영혼의 형상과 시로 빚어
내네.
내 가슴속 깊이 음악이 깨어나고,
밀려오는 그리움 속에 영혼이 일어나 젊음을 느끼고,
다시 넘실대는 삶으로 돌아가길 갈망하고,
운명과 맞서 싸우고, 자신에게 무엇이 없는지 예감하고,
노래를 흥얼거리고 행복의 꿈과 노니네.

한 번 더 시작하고 싶네, 한 번 더
아득한 청춘의 뜨거운 힘을 이 차가운 오늘에 불러내

고 싶네.

떠돌고 싶고 구애하고 싶고,

방황하는 소망의 어두운 종소리 별들에까지 울리고 싶네.

그러다 망설이듯 창을 닫고 불을 켜고,

침대 위에서 나를 기다리는 하얗게 빛나는 베개를 보고,

세상을 하얗게 감싼 달을 보고, 저기 바깥 은빛 정원 위 푄 바람에 실려 온 구름의 시를 듣고,

익숙한 사물들로 천천히 돌아가는 길을 찾고,

잠들 때까지 내 청춘의 노랫소리를 듣네.

1928년

호수 골짜기 건너 산비탈에는 이따금 길게 늘어선 흰 구름이 걸려 있었다. 모두 같은 높이였다. 고정된 채 움직이지 않는 듯 보였지만 다시 밖을 내다볼 때마다 이미 사라졌거나 모양이 바뀌어 있었다. 날이 저물자 마치 밤새 하늘 없이 안개 속에만 갇혀 있어야 할 것 같은 세상이 펼쳐졌다. 하지만 우리가 축제와 크리스마스트리, 촛불, 선물, 그리고 점점 짙어지는 추억에 몰두하는 사이 바깥에서는 여러 변화가 일어나고 있었다. 우리가 그것을 알아채고 방 안의 불을 모두 끄자 바깥에서는 깊은 정적 속에 지극히 아름답고 신비로운 세상이 펼쳐졌다. 우리 발아래 좁은 골짜기에는 안개가 자욱했고, 안개 표면에는 창백하면서도 강렬한 빛이 아른거렸다. 안개층 위로는 눈 덮인 언덕과 산이 솟아 있었는데, 하나같이 강렬한 빛을 고르게 받고 있었다. 이 하얀 풍경 속에 앙상한 나무와 숲, 눈 덮이지 않은 바위가 마치 뾰쪽한 펜촉으로 새긴 글씨처럼 곳곳에 박혀 있었다. 침묵 속에 많은 것을 감춘 상형문자와 아라베스크 같았다. 이 모든 것 위에 장대한 하늘이 보름달의 빛을 머금은 구름 무리와 함께 흰빛과 오팔빛으로 일렁였다. 불안하게 출렁이는 달빛 물든 물결이었다. 달은 유령처럼 흐릿해졌다가 다시 짙어지는 장막 사이에서 사라졌다 나타났다를 반복했고, 그러다 구름 사이에서 하늘 한 조각을 차지했을 때는 차갑고 요정 같은 달빛 무지개에 휩싸였다. 무지갯빛의 눈부신 색조 변화는 투명한 구름 가장자리에서 반복되었다. 이 진기한 빛은 진주처럼 영롱하고 우유처럼 부드럽게 하늘을 따라 흘렀고, 아래쪽 안개 속에 희미하게 반사되었으며, 마치 살아 숨 쉬듯 부풀었다고 가라앉으며 부드럽게 일렁였다.

「크리스마스와 두 편의 동화」에서 발췌

잔향

흘러가는 구름과 시원한 바람이
병들었던 나를 식혀 주네.
나는 조용한 아이처럼 꿈꾸며
쉬고, 치유되었네.

다만 가슴 깊이 남은 울림 하나
가엾은 내 사랑의 흔적이라,
모든 요란한 기쁨 가라앉히며,
조용히 애잔하게 남아 있네.

바람과 소나무가 속삭이는 동안
나는 몇 시간 며칠이고
이 이름 없는 울림에
묵묵히 귀 기울이네.

1901년

후기

"이 넓은 세상에서 나보다 구름을 잘 알고 깊이 사랑하는 사람이 있으면 나와 보라!"

헤르만 헤세의 첫 장편소설 『페터 카멘친트Peter Camenzind』에서 어쩌면 가장 인상적인 대목일지도 모를 한 대목은 이 외침으로 시작한다. 1903년 당시 26세였던 작가는 이 소설로 불과 몇 달 만에 독일어권 전역에 이름을 알렸다. 이 구름 찬가는 지금도 많은 초등학교 교과서에 실릴 만큼 필독 텍스트다. 그럴 만한 이유가 있다. 화학과 물리 수업에서 다양한 구름 현상을 단순히 응축된 수증기의 집합체로 배우기에 앞서, 우리는 그 무궁무진한 모습과 변화를 온 감각으로 느낄 필요가 있고, 그래야만 구름을 바라보는 시각이 지나치게 협소해지는 것을 막을 수 있기 때문이다. 이 덧없는 구름은 늘 한결같이 증발한 물로 이루어져 있음에도 시시각각 모양을 바꿀 뿐 아니라, 기후 및 날씨와 더불어 우리의 기분과 상태에 일반적인 예상보다 훨씬 더 큰 영향을 미친다.

남유럽은 위도가 높은 지역보다 햇빛 찬란한 하늘 아래서 보내는 시간이 훨씬 많고, 따라서 북쪽 사람들보다 남유럽 사람들이 누리는 삶의 기쁨이 더 크다는 사실은, 햇빛과 낙관성 사이의 밀접한 상호작용을 보여주는 수많은 예 가운데 하나일 뿐이다. 구름은 우리가 의식하지 못하는 사이에 우리의 감정에 강한 영향을 미친다. 구름이 두터운 단열층으로 햇빛을 흐릿하고 뿌옇게 통과시키는지, 아니면 느슨한 대형으로 흩어져 찬연한 하늘 풍경을 펼쳐 보이는지에 따라 우리는 우울해지기도 하고 한껏 들뜨기도 한다. 또한 솜으로 만든 벽 같은 안개로 우리의 시야를 가로막는지, 아니면 시야를 탁 트이게 하고 지평선을 넓히고 허공에 질서를 부여함으로써 하늘의 무한한 광활함을 느끼게 만드는지에 따라 구름은 생명체의 자율 신경계에 작용하고, 우리가 사물을 바라보는 방식에 영향을 미친다. 1918년에 헤세는 이렇게 쓴다. "자기만의 세계에서 고요히 움직이고 많은 갈래로 나뉜 이 흐린 하늘이 내 마음의 반영인지, 아니면 내가 내 마음속 이미지를 단순히 이 하늘에서 읽고 있는 것뿐인지는 결코 말할 수 없다."

자연의 마법과 무궁한 형식미를 제대로 담아내려면 어느 분야든 정신적으로 유사한 감응력과 비유적으로 풀어내는 표현력이 필요하고, 그런 면에서 예술가들은 탁월하다. 회화든(그중에서 영국 화가 윌리엄 터너William Turner의 작품이 으뜸이다) 시든, 우리가 구름을 정말 아름답고 강렬하게 묘사한 작품을 만날 수 있는 것도 모두 그들 덕이다. 시인 중에는 헤르만 헤세만큼 이 자연 현상에 그토록 깊은 애정과 헌신을 보인 이는 드물다. 타의 추종을 불허하는 헤세의 첫 전기 작가 후고 발Hugo Ball도 이미 이를 간파하고 있었다. 『페터 카멘친트』에 등장하는 시 「엘리자베트Elisabeth」와 관련해서 그는 이런 말을 했다. "헤세의 책들에 나오는 구름만 모아도 한 편의 논문을 쓸 수 있겠지만, 안타깝게도 그건 후일 문헌학자에게 맡길 수밖에 없다."

　헤세의 시에서 구름이 그렇게 자주 등장하는 것은 결코 우연이 아니다. 무게가 느껴지지 않고 어디로 갈지 짐작할 수 없고 시시각각 모양과 색을 바꾸는 구름은 그 자체로 정감과 분위기를 담은 서정시다. 덧없고, 지속되지 않고, 금방 생성되었다가 이내 사라지고, 고향 잃은 이처럼 정처 없이 무한히 떠돌고, 때로는 명랑하고 느긋하다가도 때로는 위협적이고 악마적인 구름은 우리에게 운명의 변덕처럼 보인다. 헤세의 초기 시 「구름의 노래 Gesang von den Wolken」에 이런 구절이 나온다.

　바람이여, 물질이여, 구름이여, 형태도 머무름도 없는
　너희는 본질적으로 우리와 닮았으니,
　(…)
　너희는 쉼 없이 흔들리는 수수께끼 속에서
　삶의 이미지와 그 깊은 의미를 그려 내는구나.

(…)

너희의 박동 속에서 우리 꿈꾸는 자들은

아련한 예감으로 자신의 본질을 읽어 내리.

구름에 대한 헤세의 관심은 비단 시에만 국한되지 않는다. 산문과 성찰 글, 단편 소설은 물론이고, 『페터 카멘친트』부터 노년의 교육학적 대작 『유리알 유희 Das Glasperlenspiel』에 이르기까지 여러 장편소설에서도 번번이 구름이 등장한다. 1901년의 첫 이탈리아 여행 중에 쓴 한 산문에서 그는 "구름의 노래를 우리의 언어로 번역"하고자 한다. 제노바 만 위로 하얀 구름이 베일처럼 깔려 있고, 그 위로 작열하는 석양빛이 스며들면서 "환한 깃털 같은 구름이 뜨거운 전율 속에서 불타올랐는데, 어찌나 붉고 또 붉은지 제노바의 언덕 위에 활활 타오르는 횃불이 걸려 있는 듯했다." 여기서 세상은 구름의 시선으로 나타난다. 우리는 마치 저 멀리 북쪽 코르시

카에서부터 프랑스 남동쪽의 마리팀 알프스까지 구름과 함께 여행하는 듯한 느낌에 빠진다.

헤세는 구름 관상학자다. 구름의 표정과 몸짓을 해석하고 생생하게 전달할 줄 아는 사람이라는 말이다. 그는 구름을 인간학적으로 바라보며 구름에 인간의 운명을 투영한다. 그에게 하늘은 한 점의 그림이자, 끊임없이 변하고 새로운 형상을 만들어 내는 한 편의 연극이다. 우리는 "그 안에서 인간의 투쟁과 축제, 여행과 놀이를 본다. 이 아름다운 그림자극이 얼마나 덧없고 변덕스럽고 찰나적인지를 보고 있자면 기쁨과 슬픔이 동시에 느껴진다." 헤세의 구름은 "어떤 때는 살인자처럼 음험하게 느릿느릿 숨어들고, 어떤 때는 미친 듯이 질주하는 기병처럼 사납게 휘몰아치고, 어떤 때는 우수에 젖은 은둔자처럼 슬픈 꿈을 꾸듯 아득한 공중에 걸려 있다. 구름은 축복받은 섬의 형상을 띠다가도 축복하는 천사의 모습으로 바뀐다. 때로는 위협하는 손을 닮고,

때로는 바람에 펄럭이는 돛이나 이동하는 두루미 무리와 비슷하다."

　이러한 묘사에 비하면 기상학 분야에서 하늘의 형상을 유형별로 분류할 때 사용하는 어휘는 한없이 초라하다. 괴테와 친분이 있고, 최초로 구름을 과학적으로 연구하고 특성을 정의한 영국 화학자 루크 하워드Luke Howard는 구름을 세 가지 주요 유형으로 나눠, 오늘날까지도 통용되는 라틴어 이름을 붙여 주었다. 7~13킬로미터 상공, 가장 높은 고도에 형성되는 섬유 모양의 얼음 결정 구름은 권운.* 그보다 약 6에서 2킬로미터 낮은 고도의 상공에 안개 형태로 넓게 퍼진 구름은 층운**, 1,000~1,500미터 상공에 돔과 탑처럼 솟아오르는 구

---

　* 라틴어로는 키루스Cirrus라고 하는데 '곱슬머리'라는 뜻이다.
　　우리말로는 털구름 또는 새털구름이라고도 한다.
** 라틴어로는 스트라투스Stratus라고 하는데 '넓게 펼쳐져 있다'는 뜻이다.

름 산맥은 적운*이었다. 하워드가 새로운 명칭을 부여하자 괴테는 곧 각각의 구름 유형을 주제로 시를 썼다. 그러나 하워드의 분류 방식은 구름의 수많은 형태와 거리, 변화를 설명하기에는 턱없이 부족했다. 곧이어 권적운, 권층운, 고적운, 난층운, 층적운, 적란운 같은 많은 혼합형 이름이 등장했고, 그것들의 특수 형태까지도 더욱 정밀하게 세분화되었다. 이 분류를 통해 구름과 그 형성에 관한 연구가 시작되었다. 헤세가 1900년에 이미 「관객」이라는 시에서 깨달은 바 있는 필연적인 과정이었다.

한때 법칙과 무관하게 거칠게만 보였던 것들이
영원한 법칙에 따라 항해하는 것이 보이네.

---

* 라틴어로는 쿠물루스Cumulus라고 하는데 '더미'라는 뜻이다.
우리말로는 뭉게구름이다.

오늘날 우리는 구름의 형성 원리에 대해 헤세 당시보다 훨씬 많은 것을 안다. 지표면의 4분의 3 이상을 덮고 있는 물은 매년 40만 세제곱킬로미터라는 상상조차 힘든 양으로 하늘과 땅 사이를 순환한다. 그중 대부분은 바다에서 증발하고, 육지에서 증발하는 양은 4분의 1도 되지 않는다. 너무 작고 가벼워 땅으로 떨어지지 않는 무수한 물방울이 공중에서 뭉쳐 구름을 형성한다. 이 거대한 수증기 덩어리를 움직이는 동력은 극지방과 적도 사이의 극심한 온도 차이다. 이 온도 차는 영하 75도에서 영상 40도 사이에 이르는데, 따뜻한 공기는 적도에서 극지방으로 이동하고 차가운 공기는 극지방에서 적도로 흐르면서 대륙들 사이의 바람과 기상 시스템을 만든다. 온도 차가 클수록 바람은 더욱 거세게 불고, 그로써 구름도 더욱 빠르게 움직인다. 구름은 공기 중에 포함된 수분의 가시적인 형태이자, 헤세의 말처럼 "보이지 않는 공중에서 대지의 삶과 존재를 계속 이어 가는 물질"이다.

아무리 작고 가볍고 폭신하고 겉으론 깃털처럼 가벼워 보일지라도 구름 한 점엔 수천 톤의 물이 담겨 있을 수 있다. 그러나 기온이 조금이라도 오르면 구름은 순식간에 사라진다. 내부의 수분이 증발하면서 우리 눈에 보이지 않기 때문이다. 반면에 기온이 낮아지면 구름은 더욱 커지고, 물방울이 공중에 떠 있을 수 없을 정도로 무거워지면 마침내 비와 우박, 눈의 형태로 땅에 되돌려준다.

기후 조절 역시 구름의 역할이다. 구름이라는 단열층이 없으면 지표면은 태양 빛에 고스란히 노출되어 극단적인 기온 변동을 겪는다. 햇빛이 수직으로 곧장 내리쬐면 낮엔 지표 온도가 58도까지 치솟고, 밤엔 10도로 떨어진다. 그로 인해 땅은 메마르고, 침식 작용이 일어나고, 암석은 부스러져 결국 생명체가 살기 어려운 사막이 형성된다. 구름은 이러한 기후 변동을 조절하는 보호막이다. 한편으로는 하늘에 떠 있는 양산처럼 태양 에너지를 차단하고, 다른 한편으로는 뜨겁게 달구어진 적도 바다의 들끓는 열을 스펀지처럼 흡수해 전 세계로 퍼뜨리고, 추운 지역에까지 원격 난방처럼 열기를 공급한다. 우리가 사는 온대 지역에서도 한낮에는 수백만 리터의 물이 대기로 증발한다. 증발한 수분은 구름 속에서 전기장을 형성하고, 그 구름이 다른 구름 더미를 끌어당길 만큼 충분히 커지면 전기장은 번개의 형태로 방전된다. 이때 동반하는 천둥은 번개에 의해 가열된 공기의 폭발적 팽창으로 생기는데, 헤세는 이를 장난스럽게 "잘 완비된 타악기 연주"라고 표현했다.

그렇다면 쉼 없이 변하는 하늘 무대의 시나리오를 결정하는 것은 기온과 바람 속도, 습도, 특히 태양 에너지이고, 구름은 그 무대의 배우다. 이것들은 지상의 색채에도 영향을 미친다. 세상은 빛에 의해 정말 다양한 색조로 물들기 때문이다. 한 점 구름이 베일처럼 태양

앞을 지나가기만 해도, 혹은 공기가 미세하게 탁해지거나 밝아지기만 해도, 아니면 습도가 약간 변하기만 해도 빛은 즉각 달라지고 그에 따라 색도 변한다. 색은 결코 고정되지 않고 단조롭게 머무는 법도 없다. 구름처럼 늘 빛의 조명에 따라 유동적으로 변하기만 한다. 예를 들어 하늘빛이 반사된 수면이 그렇다. 구름 한 점 없는 파란 하늘에서부터 폭풍우가 몰아칠 때의 시커먼 하늘까지 구름 풍경의 모든 음영은 수면에 투영된다. 구름 틈새로 회청색 빛줄기가 눈부시게 비쳐 대지 위에 비현실적인 밝은 얼룩을 만들어 낼 때의 급작스러운 색채 변화는 누구나 한 번쯤 보았을 것이다. 움직이는 구름 세계에서는 어떤 것도 고정되지 않고, 어떤 것도 반복되지 않으며, 어떤 것도 예측할 수 없다.

바로 이것이 구름을 자유와 구속되지 않음의 상징으로 만든다. 노발리스는 장편소설 『하인리히 폰 오프터딩겐 Heinrich von Ofterdingen』에서 이렇게 쓴다. "흘러가는 구름은 우리를 위로 끌어 올려 데려가고자 한다. 만일 그 형상이 사랑스럽고 다채로워 마치 우리 내면이 뿜어낸 소망과 같다면 그 청명함, 즉 이후 지상에 깃든 그 찬란한 빛은 우리가 미처 알지 못하고 형언할 수 없는 영광의 전조와 같다."

헤세에게 구름은 방랑과 유랑 기질을 북돋워 주는 날개이자, 환생에 이르기까지 모든 길의 종착지에 대한 그리움을 이끄는 힘이었다. 그는 시 「대화」에서 이렇게 말한다.

너희와 대화를 나누고 너희와 정신적으로 하나 되고,
너희를 길동무 삼아 나는 그 먼 길을 지나왔지.
너희는 여전히 나를 사랑하고 나를 잊지 않았구나,

너희의 영원한 행로를 따라
수많은 길 위에서 오랜 방랑을 해 온 친구를,

너희를 사랑했고 너희의 말을 사용했던 친구를,
길과 길 사이 드물게만 잠시
사람들 틈에 머물렀던 친구를!
언젠가 이 땅이 나를 놓아주거든 너희가
나를 형제로 맞아 새로운 비상의 길로 데려가 줄 수 있을까?
내가 너희와 함께 바람과 파도를 지나면서
언젠가 나 홀로 그토록 오랫동안 쉼 없이 걸어온,
그 고향 길을 순례자들에게 알려 줄 수 있을까?
말해 다오, 형제여, 친구여! 나를 데려가 다오!

이 시에는 하늘을 날고자 하는 인류의 오랜 꿈(헤세는 1911년과 1913년에 최초의 체펠린과 비행기를 탐으로써 그 꿈을 이루었다)만 표현되어 있는 것이 아니라 구름 세계의 초월적이고 영적인 조명 효과를 통해 종교가 왜 성공적인 삶의 보상으로서 사후의 삶을 오직 하늘에서만 상상할 수 있었는지도 이해하게 해 준다.

  헤세의 다음 비유도 이 지점에서 멀지 않다. "자연에서 구름의 역할은 예술에서 날개 달린 존재들, 즉 천사와 천재들이 하는 역할과 비슷하다. 스러질 수밖에 없는 인간의 몸을 지녔으나 날개를 펴고 중력에 저항하는 존재들이다." 하지만 교회와 궁전 천장화에 천상의 세계가 그려져 있고, 구름으로 이루어진 환상적인 하늘 궁전에 기독교와 봉건적 상징성을 띤 인물들이 가득했던 바로크 시대와는 달리, 우리 시대의 시인들은 하늘을 그런 식으로 상상하지 않고 기껏해야 소망과 기억을 투영하는 공간으로만 활용한다. 헤세가 하늘에 띄운 것은 결코 닿을 수 없는 젊은 날의 연인 엘리자베트였다. 1901년 동명의 시에는 이렇게 적혀 있다.

  저 하늘 높이 떠 있는
  한 점 흰 구름처럼

그대도 희고 아름답게
저 멀리 있구나, 엘리자베트.

그대는 알아채지 못하겠지만,
흐르고 떠도는 저 구름
어두운 밤에도
그대 꿈을 지나 흘러가리,

신비로운 광채 속에 흘러가리,
흰 구름을 향해 그대 끊임없이
달콤한 향수를
느낄 수 있도록.

『페터 카멘친트』와 그 속에 실린 「엘리자베트」를 "가을의 다채로움과 쌉싸름함으로 채운 약간 서늘한 시"라며 높이 평가한 바 있던 베르톨트 브레히트Bertolt Brecht도

1920년에 유명한 시 「마리 A.에 대한 기억」에서 옛 연인을 구름에 담아냈다.

입맞춤조차 오래전에 잊어버렸을 것이다.
그때 구름이 없었다면.
그 구름만은 아직 기억나고 늘 기억할 것이다.
위에서 내려왔던 무척 하얀 구름을.

구름은 시인들에게 아름답지만 멀고 결코 붙잡을 수 없는 무언가에 대한 기억이자, 그리움과 찾음의 상징이다. 시인은 한곳에 정착하기보다 언제든 여정을 꾸려 방랑길에 오르고 싶어 하는 존재이기에 헤세 역시 자신을 구름과 동일시하며 이렇게 노래 부른다.

나는 해와 바다와 바람처럼
흰 구름을, 정처 없는 구름을 사랑하네,

구름은 고향 잃은 자들의
자매이자 천사이리니.

1919년 표현주의 소설 『클링조어의 마지막 여름Klingsors letzter Sommer』에서는 이렇게 말하기도 한다. "구름아, 페르시아로 날아가라, 우간다에 비를 뿌려라! 이리 오라, 셰익스피어의 혼이여, 우리에게 술 취한 광대의 노래를 불러 다오. 매일 내리는 비의 노래를."

50세의 헤세는 자신이 젊은 시절에 구름을 경건하고도 조금 엄숙한 시선으로 바라보았다고 회상한다. 그러나 나이가 들면서 구름 놀이를 좀 더 유머러스한 시선으로 즐겼고, 자신과 잘 맞지 않는 세상과의 대비 속에서 감상했다. 사실 세상은 그와 불화를 겪었지만, 사업과 출세로 바쁜 사람들은 감지할 감각조차 이미 상실해 버린 아름다운 것들이 여전히 많이 남아 있었다.

제1차 세계대전이 끝나자 헤세는 북쪽의 우중충한

산업 지대를 영영 등지고 남부 스위스를 미래의 고향으로 선택했다. 그곳 테신에서 그가 발견한 것은 햇빛이었고, 무성한 식물과 바로크 양식의 건축물, 마을의 색상을 더욱 돋보이게 하는 이 빛에 매료되어 마침내 화가가 되었다. 1917년 그의 일기장에는 이렇게 적혀 있다. "스위스 남쪽으로 내려가자마자 잠들었던 감각이 다시 깨어나면서 창작 욕구가 샘솟았다. 그건 그림에서도 마찬가지였다." 그때부터 여름 몇 달 동안에는 문학이 아닌 회화가 그의 주업이 되었다. 그는 자전적 에세이 『뉘른베르크 여행 Die Nürnberger Reise』에서 이렇게 적었다. "나는 아름다운 숲 가장자리 나무 아래 앉아, 눈이 닿는 데까지 주위를 돌아보며 부지런히 수채화를 그렸다. 이 세상 누구보다 내가…… 더 잘 알고 있다고 믿었고 그림을 그리면서는 더욱 깊이 이해하게 된 테신의 환한 언덕과 마을들을." 이제 그는 붓으로 구름에 대한 애정을 아낌없이 표현했다. 아마 그의 그림 중에서 구름을 모티브로 한 작품만 모아도 웬만한 화집 한 권은 거뜬히 나올 듯한데, 그림 속 풍경은 하늘에 떠 있는 구름을 통해서야 비로소 완벽해진다.

헤세는 아직 그림을 그리지 않았던 1907년에 이미 구름만 찍은 사진이 대부분 실패할 수밖에 없는 이유를 지적한 바 있다. 풍경 없이 구름만 촬영하면 그 움직임의 느낌을 재현하는 것이 불가능해지고 "관찰자와의 거리가 불확실해서 아름다운 효과가 모두 사라지기 때문이다. 내가 볼 때, 구름을 아름답고 의미 있게 만드는 건 바로 그 움직임이다. 우리 눈에 죽은 공간으로 비치는 하늘에서 거리감과 크기, 공간감을 만들어 내는 것은 구름이다. (…) 새가 작은 규모로 그 일을 한다면 구름은 훨씬 큰 규모로 한다. 구름은 광대무변의 공간에 실체감을 부여하고, 그 공간을 살아 있게 하고, 측정 가능한 것처럼 보이게 하고, 우리를 그 공간과 연결시켜 준다."

헤르만 헤세가 선택한 알프스 너머의 고향을 오늘날 방문한다면 그의 책과 그림을 통해 우리에게 너무나 익숙한 원래의 마법적 세계는 안타깝게도 거의 남아 있지 않다. 이제는 어디서건 마찬가지지만 인구 증가와 세계화가 이곳을 여느 도시처럼 바꾸어 버렸다. 그렇기에 헤세가 1949년 1월의 한 편지에서 한탄한 다음 글귀는 당대를 넘어 오늘날까지 울려 퍼지는, 이런 발전에 대한 우울한 선취로 들린다. "이제 세상이 우리에게 허용하는 것은 별로 없다. 세상은 소란과 불안으로만 둘러싸인 듯하다." 하지만 그러면서도 지극히 덧없어 보이는 것들의 영속성에 대한 희망의 끈은 놓지 않는다. "언젠가 지구가 완전히 콘크리트 상자로 덮일지라도 구름 놀이는 여전히 남을 테고, 어딘가에선 사람들이 여전히 예술을 통해 신성한 세계로 들어가는 문을 열어 둘 것이다."

폴커 미헬스 Volker Michels

구름은 바람 위에 있어

초판 1쇄 인쇄 2025년 8월 11일
초판 1쇄 발행 2025년 8월 18일

지은이 헤르만 헤세
엮은이 폴커 미헬스 | 옮긴이 박종대
기획실 정진우 정재우
주간 김종숙 | 책임편집 김혜원 | 편집 김은혜 정소영
디자인 강희철 | 마케팅 홍보 고다혜 | 디지털콘텐츠 구지영
제작 관리 윤준수 고은정 이원희 | 제작처 영신사

펴낸곳 열림원 | 펴낸이 정중모 방선영
출판등록 1980년 5월 19일(제406-2000-000204호)
주소 경기도 파주시 회동길 152
전화 031-955-0700 | 팩스 031-955-0661
홈페이지 www.yolimwon.com | 이메일 editor@yolimwon.com
페이스북 /yolimwon | 트위터 @yolimwon | 인스타그램 @yolimwon

ISBN 979-11-7040-354-8 04800
ISBN 979-11-7040-275-6 (세트)

* 저자와 출판사의 서면 허락 없이 내용의 일부를 무단 도용하거나 발췌하는 것을 금합니다.
* 책값은 뒤표지에 있습니다. 잘못된 책은 구입하신 곳에서 교환해드립니다.